Josefina Inclán

Carmen Conde y el mar
Carmen Conde and The Sea

BILINGUAL EDITION
SPANISH—ENGLISH

Translation by Manuel J. Santayana

I.S.B.N.: 0–89729–277–4
Library of Congress Catalog Card No.: 80–69623

P.O. Box 450353 (Shenandoah Station)
Miami, Florida 33145 / U.S.A.

Colección Polymita

Portada/Cover
Phil Brodatz

Composición/Composition
Ser-Tec Corporation,
Miami, Florida

Impreso por/Printed by:
Peninsular Printing Inc.,
Miami, Florida

A Carmen Conde

" ¡Qué oleadas de siglos
estamos yendo mi alma y yo,
a dónde? . . .

¡Oh, sí; lo sé; no me pregunto: afirmo!
Rodeada de espumas como una breve isla,
subo buscándote a Ti, el Mar."

C.C.

UMBRAL

Solamente una mujer de playas y mareas, de presencias marinas ceñidas por un aura de saudades sería capaz de penetrar y comprender la vida secreta, las raíces, los lazos, la fecunda ternura de las relaciones entre Carmen Conde y el mar. Solamente una mujer como Josefina Inclán que comparte con ella un paisaje hermano, los recuerdos de aguas múltiples, los cambiantes horizontes luminosos, las olas becquerianas que rompen en las playas abruptas y remotas, y que puede bucear en el complejo poético de Carmen Conde como impulsada hacia las raíces de su propio ser. Se identifica con su propio mundo, interpretado en las imágenes ancestrales de la poetisa española para hallar el renovado cuadro memoria de las aguas azules de trópico.

La experiencia común de mar y de mujer permite a Josefina Inclán zambullirse en los círculos náuticos de la gran poetisa española con la sabiduría experta y práctica de una marinera de isla breve, —para repetir esa preciosa imagen de doña Carmen , la isla breve de su ser en la búsqueda del mar. Inclán nos llega de otra isla breve que para ella no es metáfora sino presencia. Allí nació, rodeada de aguas y espumas y arena fina y aprendió la historia de aquella niña generosa que salía a la playa cuando brillaba el sol luciendo el sombrerito de pluma que anticipaba los dibujos de Alphonse Mucha. Por eso es la perfecta exégeta, veraz e iluminada, para explorar ese milagroso hechizo pelágico que empuja a Carmen Conde hacia todos los mares de la tierra. Las dos son hijas y madres del mar. Los mares de la

5

península, que marcaron pasaje para descubridores y bisabuelos, han sido domados por Carmen Conde, convertidos en experiencia personal, humana, camaradas en su melancolía rebelde de moderna mujer inteligente.

Inclán cala y traduce el lenguaje de mar de Carmen Conde porque es también el mar heredado y el mar patrio, el mar de los que supieron dominar las implacables tormentas del Cantábrico. Con ese legado Inclán puede apresar el mundo variado de la gran española, ese mar esquivo, hermano y enemigo, divinamente inescrutable. Mar dios, mar personal, sacramental y misterioso, amante inaccesible, tan distinto al mar que ahora nos rodea, utilitario, trabajador y turístico, este mar que no logra dialogar con sus poetas. En oposición a los mares que investiga Inclán, este otro mar se convierte en materia poética solamente a través del sueño. No vive, no conversa, es una imagen imaginada en un doble juego inflexible como en el famoso verso de Ezra Pound a quien le ofrece "el imaginario concierto de marejadas espectrales". Para el gran poeta estadounidense el mar es pictórico:"Brillo —cristal de ola en la marea— rompe contra/el sol/ la palidez de la estrella de la tarde/ el pico gris de la ola/ ola, color de pulpa de uva". El verso es bello, pero la interacción entre hombre y mar se reduce a una mirada, no se le mojan las manos al poeta. Y la intuición femenina no se acerca mucho más al mar americano porque, —por ejemplo, la relación de Emily Dickinson con el mar es simplemente penosa. En sus más citados versos nos dice "Yo nunca he visto un brezal/ y nunca he visto el mar/ pero conozco la flor del brezo/ y puedo imaginar una ola.

Estos parciales ejemplos de una cultura continental nos llevan a entender mejor a Josefina Inclán en su deslumbramiento y a Carmen Conde en su delicada y voluptuosa entrega al mar, al mar conversador, el mar-coloquio, mar de penínsulas y de islas, como son los mares de estas dos escritoras, mar-novio secreto, amigo y confesor, eterno y efímero. Un mar para poetas, esproncedario y freudiano, inocente y lascivo, purificador de todos los pecados y símbolo de todos los misterios. Así lo ve Carmen Conde en todas sus caras, con él se confiesa, llora y sueña, o recuerda y espera. Todos los matices de esta relación cambiante, de esta continuada plática, los examina Inclán en detalle y los revela en toda su pureza, sin interceptar jamás, sin interferir con el mensaje y las palabras de la poetisa.

Se ha dicho, con tanto acierto, que el agua es la poesía del paisaje, pero pocos son los poetas que han podido interpretar o trasmitir la fuerza de las olas en palabras. Hay poetas de lagos y de ríos, de arroyos murmurantes, de tormentas y huracanes, de naufragios, que están siempre, de alguna manera, con los pies bien plantados en el suelo. Carmen Conde se escapa hacia el mar, sumerge su corazón y su palabra y vence así la gravedad de la tierra. Josefina Inclán, que como ella ha pasado por experiencias cotidianas tan sencillas y difíciles como rebeldías, disciplinas, renuncias, recuerdos dulces o acres de mares y viajes, y sobre todo una ejemplar dedicadión a escribir y a enseñar, puede demostrar con elegancia que es su mejor intérprete.

Esperanza Figueroa

Miami, 1980

CARMEN CONDE Y EL MAR

Se me dirá por qué he titulado estas cuartillas Carmen Conde y el mar, porque bien podía ser Carmen Conde poetisa de luz y mar. Todo poeta lleva en sí una parte del cosmos. Así ella y su poesía entregan en su cosmovisión los elementos integrantes del mundo físico, los elementos del más fino espíritu apasionado y hondo; las mas novedosas imágenes sensoriales, los más profundos planteamientos metafísicos, las mas palpitantes y desgarradoras presencias humanas, pero desde que la conocí y sin saber que ella era tan del mar y él tan suyo la vi íntimamente unida a él, tan eterno y tan nuevo, tan permanente y tan cambiante, tan nacido y renacido. Su presencia era la de una ola inquieta.

Transitando por su obra poética, podía hacerse una biografía de su vida en arte creador y en sueños y realidades de su andar por la tierra, con imágenes y presencia y vida de mar que la determina unida a él. Según Gastón Bachelard cada poeta nace bajo el signo de un elemento. Bajo el signo líquido más intenso y profundo parece haber nacido ella. Los encierra todos y a todos ha cantado, pero hay un deleite especial en Carmen Conde frente al mar y en el mar como si le hubiese nacido de su misma entraña para entregarlo, porque puede y es suyo, en un interminable canto poético. Lo ha proclamado innumerables veces esta mujer del Levante español.

Dice un diccionario definidor de elementos que el mar, los océanos, son fuente de vida y el final de la misma. El océano es la movilidad perpetua y la ciencia confirma que la vida comenzó en el

9

mar, aunque en las cosmogonías elementales se da a veces preferencia al fuego como el origen de todo principio. El río, dicen, simboliza fuego creador, simboliza tiempo. Ella es océanica fuerza dinámica, ardorosa, apasionada creadora y se comprende que esta hija del mar, criatura de él, en un poema de nombre "Lucha con la tierra" cante:

Simiente, no; nunca dentro de la tierra,
¡yo no quiero vivir encerrada en la tierra!
El aire se hizo para mí,
para mis ojos la luz fue hecha;
todo lo que se mueve es mío.

Y ante el último verso de esa estrofa comprendemos que el eterno inquieto de incansables movimientos sea de ella, porque de él lo es ella también. Bellamente lo canta:

Aquellas olas del mar inolvidable baten
como las olas del mar presente.
Porque el mar no se aparta de sí mismo
y sigue siendo mar que permanece
hasta cuando lo mira sólo el recuerdo.

En *Derribado arcángel* su voz de mujer de mar es evidente. Es ella la que lo llama mío, la que lo sangra.

. . . .
¿Qué corazón pudiera yo brindarle al mar
porque se oyera como lo oí, mío y compartido,
mar de azul que no acaba, oh mar azul que sangro?
. . . .
¡Qué sed tengo de ti, cómo quiero beberte
desde tus propias fauces, en el umbral de entonces!
Búscame, yo te llevo, hazte mío y tómame
como tomas las barcas y las orillas trémulas.

Y la sedienta ya tomada en un umbral sin tiempo, que viene desde atrás, cuerpo en el cuerpo de él, le dice en poesía:

10

La gran oleada de ti la empujas tú,
y yo respondo.
Obsesivamente tú una vez y otra. . . ,
delante de los ojos, repitiéndote incansable;
dentro de la sangre, golpeándome contigo.

Su sola resistencia frente a él es la de una llama que arde vida y
sueños. Es entonces el mar en su imagen "cueva palpitante". . .
"donde quemo mi oleaje de ansias, / mi resistencia flamígera". Y la
que odia la muerte, la que sufre desesperación para no consumirse en
tierra, confiesa ante el mar: "aunque me muero por arder contigo! ".

Y esa palabra suya paloma—palabra que vuela por las más frescas
orillas —dice— "se puso a beber el agua de mis primeros llantos y
entonces se hizo pez aquella palabra que empezó como paloma". Así
en un verso de imágenes de vida y gran movimiento vemos la
palabra—paloma disparada como saeta que se convierte en pez, para
nadar en mar de llanto.

Del cosmos de su obra nos detendremos para el propósito nuestro
de encuentro y de identificación con el mar, en *Los Poemas del Mar
Menor*, libro que firmó en el verano de 1959, poemas escritos frente
a su mar, al que se da con amor, al que se identifica en los siglos, el
que le levanta marejadas de nostalgias y no ha de ser sólo nuestra
atención para ese libro sino que dentro del limitado espacio de esta
exposición, me detendré en algunos poemas y versos de otros, no
tanto como quisiera, para que sea su voz la que apuntale mar y decir
poético de sentires y pensamientos hondos.

En su primer libro de líricos poemas en prosa, *Brocal* leemos: "Al
fondo en los cristales altos, el mar. En los cristales bajos, el mar. Y
siempre — ¡todavía! — un barco anclado en la ventana". Tiempo
después, en otra página suya, encontramos que el mar llena otra vez
los cristales de las ventanas y al evocar una jornada de monótono
trabajo escribe: ". . . Porque en esos barcos que desde aquí veo irse se
me huye el alma todas las tardes". Los molinos son para ella marina
de velas del campo y cuando llueve en el huerto con fruición anota:
"Se respira el gran aliento del mar". Entonces, se alegra y le lleva su
alegría: "Sol, Dios. / Al mar, con brisas de gaviotas inmóviles,

11

llevaremos esta alegría". Las imágenes originales se suceden: "Si yo derramase todas mis geometrías en el agua, cinco navíos descubrirían islas submarinas con ruedas de peces y sirenas". Desde el comienzo su obra se enmarca en paisaje marino.

Si cae la noche ella ve como se levanta la terraza "con la agilidad de los luceros" y a donde la encamina, bien lo dice: "me lleva, — ¡nos lleva! — al mar". En gran parte el mar la nutre.

En el inmenso elemento líquido comienza a buscar y encuentra "almendras cuajadas" y en la juventud que entregó a *Brocal*, "río abajo navega la luna y los bergantines de la mar y las rosas del campo se llenan de la luz de ella, que era otra luz del cielo". Observa que la tarde "con su gran ligereza, apenas insinuada, quiere apagar sus antorchas". En la hora no hay ríos ni pinos "todos los ríos y los pinos del mundo corren hacia el ancho camino del mar". La corriente fluvial que abre surco en la tierra y los pinos erguidos estirándose hacia el cielo —otro mar desde ahora magnífico en su prosa y poesía— se inclinan para correr hacia él.

Júbilos sigue a *Brocal*, para hacer presente vivencias imborrables en memoria de niños y sabemos de la conmovedora despedida de su padre que debía partir. La despedida se le asocia en desgarrado dolor de infancia al mar y a un barco: "Soltaron las cuerdas, cabeceó el mar, y en la medianoche, a la mitad del puerto, gritó su pequeño nombre el padre". El mar fue el camino que una y otra vez la separó de éste. Se lo llevó de la península en pos de un futuro mejor. Se lo devolvió en Melilla. "Cuántos meses dolió la niña enferma de despedida", recordó en página de intensa emoción. Así vemos que en su vida marcó desde muy temprano, huellas el mar.

De niña, también le ocurrió el primer encuentro con la playa en la noche. Fue en Africa, en la Melilla española. "Aquel mar de norte africano, cuando bravo, todas las horas se las pasa gritando en sus caracolas, negras de furor". Sorprende la playa vestida de transparencia porque vuelve la luna, y esa playa enlunada, así la evoca: "me llamaba a su espuma".

Y es también en *Júbilos* título que da a esos poemas de "niños, rosas, animales, máquinas y vientos", donde sabemos que los vientos vienen de la mar y los molinos son los labriegos jóvenes que aran en el cielo, que la tierra que los sustenta es dorada y que acabaría siendo barco. No podía ser sino barco la tierra en declive, para esta mujer de mar, nacida junto a él.

En tantas bellas páginas de emocionados recuerdos se pregunta la poetisa por qué misterioso designio pudo soportar cuando niña la proximidad del cementerio, que tanto asusta a los niños, y nos da la respuesta: "A las barandas de sus patios, que daban todos al mar, era mi gozo asomarme y admirar las velas de los barcos de pesca", y nos cuenta cómo perdida de los suyos eran sus éxtasis solitarios cómo la atosigaba un anhelo de evadirse de misteriosas cosas que no lograba descifrar, "Por eso frente al mar, a la sombra inmóvil de los callados, abrí mi corazón a la luz en que hoy veo".

Desde entonces, cuando frente al mar abrió sus ojos a la luz de la poesía, ha descifrado o ahondado misterios de la vida y la naturaleza; ha profundizado gozo o dolor, ha soñado, ha crecido hacia Dios. Recordada por ella, aparece otra presencia en la infancia, elocuente de mar. Esa amiga que siempre es más amiga en días de niñez, le pregunta por qué le gusta tanto la calle que desemboca en el cementerio y, sin dilación le responde: "Desde allí veo el mar. Yo vine y me iré por allí". Por aquellos días sabe de la muerte de un niño. Quiere la madre que se lo cubran de rosas y rosas invaden de perfume la alcoba. Carmen, ya mujer, recuerda las mujeres que "cerraron los ojos asustados del perfume en que navegaba la alcobita". Qué marinera es la imagen de la pequeña alcoba que navega en perfume de rosas, tristezas.

Por ella sabemos en *Empezando la vida. Memorias de una infancia en Marruecos*, que muy niña rezaba a Dios que intercediera frente a los tres elementos esenciales: fuego, aire y agua, para que no volaran su casa o la quemaran y sabiendo su poderío terminaba el rezo, confiada a Dios, que le pidiera al mar no se saliera "con sus bufidos y sus saltos de costado", poética imagen que guardó en su infancia. "La tierra —dice— no me asustaba entonces; era mi infancia tan tierna que aún era yo de la tierra para sentirla ajena y no la temía".

En *Sostenido ensueño*, a manera de poema rebosante de vida y que la exalta en sus muchas facetas, he de detenerme en "Ifac: declamación", para oírla: "Esta caliente multitud de aguas que

13

fecunda tus raíces, amante de la continuidad del verde mar y traspasada tierra, me ha cogido entre sus brazos para conocimiento eterno de mi cuerpo terrenal y de mi alma abierta en espacios" y donde ella "amante arde en música continua de alegría'" Toda esta declamación que es "Ifac", es de identificación con el mar: "Yo quiero, Ifac, ceñirte a mis pies," canta "se te acercan las mujeres más sensibles para esta única sagrada posesión de tu verticalidad sobre el mar".

Continúa en crescendo su voz: "Pero sólo yo estoy, humilde de los dones mas visibles, pequeña y latida en oleadas de éxtasis, aquí, presta como nadie nunca a sentirte en todo el mágico volumen que, siendo inmenso, cabe en mi alma sin cuerpo posible que la limite". Así de capaz se siente la poetisa que se llama pequeña y latida, pero presta a sentir ese mágico volumen que le cabe en el alma, sin límite de cuerpo. Y dice más: "Y es por ello que tu sol y tu yodo, y tu sonrisa de poderío, serán siempre mi mayor tesoro. Y yo el tuyo, menos poderoso, pero ardiente voz que te cante". En el mismo libro y en "Ifac: canción para suicidas de amor", encontramos la voz del mar que dice: "En mí no se descansa. El sino del mar es sostener la ebullición de la materia". Y no ha habido descanso en la voz de esta poetisa, cambiante, inmensa, de voz universal que ha hecho nacer como dijo: "Parida de sí misma", con ojos que ven y no cesan de preguntar, exprimiéndole savia al misterio con la sangre de la palabra, que entrega siempre cambiante y profunda como se enseña el mar.

No cesamos de encontrarla atraida por él, por su voz, por su origen, identificándosele y porque es así, bajo el título de "Sobre la arena", la vemos con su cuerpo ajustado a la tierra, tendida en la arena, con la frente vuelta hacia las estrellas, oyendo el mar y cómo lo oye: "no en el viento de tu orilla, sino debajo de mi cabeza, en la socavada hondura de la tierra poseída, penetrada, quejosa del gozo áspero de tu caricia continua", y la que busca siempre asir la palabra desnuda, la que desviste su entraña para vestirla a su gusto, le dice a la voz del mar: " ¡Oh hechura de tu voz que nadie consumirá nunca! ¡Oh creación, mar, de tu movida locura! " Es evidente que para su palabra quisiera la forma que le da el mar a la suya.

Y en otro canto con el significativo nombre de "Origen", con

14

femenina apreciación, advierte: "Si es que sois del mar. . . Cuando vayáis por espesuras, vivamente os asaltará un ronco latido de recia circulación, por las sienes os rodarán campanas precipitadas, volcadoras de vuestro corazón, porque la que oís es la voz y la respiración de vuestro amante". Con toda claridad ha advertido "si es que sois de mar". ¿Podría decir esto quien no se reconoce su amante? Y cuando busca la luna y la encuentra en su desvelo, le recuerda aquellos días de adolescencia cuando no le era esquiva y a la luna dice: " ¡Quién rompiera el maleficio y tú entraras a torrentes en mi bahía de latidos! ". Tan de mar es que, para latidos de vida en sueños se ha hecho en lo hondo de la sensibilidad una bahía.

En su libro *Mientras los hombres mueren*, está presente su nacido elemento: "En la mas ahondada raíz del mar, clavaron mis hermanos sus gritos de terror". Hace del mar un mar humanizado al decir: "Y el mar se fue creciendo, monte y monte denso de carne verde con cuellos de alados encajes". Pide en su dolor por los hermanos muertos un barco con pabellón de sonrisas que alcance el llanto que hace brotar el mar.

Un nuevo libro *El arcángel* y en el continúa —con un nuevo símbolo— la presencia del mar imponiéndose en su fervor apasionado de vida, empapando su obra y en su predilección por el arcángel —al que espera en la noche, busca y suplica, esclama: "Esperarlo en las noches es auscultación trágica en delirio de espera, por ser criatura de fe inhollada", cálida arena para su marejada de plumas". Su metáfora bellísima para la aparición del arcángel es puro y albo oleaje: "marejada de plumas".

Y en "Transfiguración", con la plenitud ya del descenso arcangélico en su cuerpo es vidente y por milagro arcangélico sabia. Oigámosla en videncia: "Veo y penetro los secretos del mar, comprendo su tenacidad de algas" y pregunta al Arcángel: "Arcángel mío, vestidura mía, ¿quién alzó su voz para que el mar se me abriera frutal y místico? ". Y el arcángel le dice del mar: "Suéñalo tú, apréndetelo".

La poetisa que había inquirido del arcángel de quien era la voz que ordenó al mar le fuera frutal y místico, cierra "Transfiguración" en actitud de feliz posesión diciendo: "El mar explicado por el arcángel cabe en la caliente urna de mi sostenido ensueño". Es para ella un sostenido ensueño que siéndole real no deja de soñarlo.

De *Mío*, esas páginas de fina prosa lírica hay unas líneas que han recogido de su voz: "Aquella plenitud del mar por donde yo entré a la Poesía". Otras entregan la definición de su nombre —Carmen— que se dice pronto, que brota de lo hondo de la garganta y que si se grita, bien aclara, "contesta el mar".

Aun en la meditación le conocemos imágenes marinas y en "Jardín de el Escorial", recogido en *Ansia de la gracia*, su primer volumen de poemas en verso, leemos:

Aquí siempre hay silencio, quizá porque la piedra
el más hondo reposo rezuma el alma.
Los siglos a oleadas vinieron a romperse
bajo la indiferente mirada de las tapias.

Sólo una mujer de mar sentiría el tiempo romperse como oleadas en el acantilado de las tapias, pétreo e indiferente. Y en pos del mar en su expresión de ardor y verdad encontramos que una y otra vez, es el elemento de su predilección en la naturaleza sin que por ello olvide los otros que la integran y entregan estallantes de vida, de la cual es ella máxima expresión, y sin olvidar que dejó dicho en *Brocal*: "Yo seré de viento, de llama, de agua".

En "Irrefrenable" de *Ansia de la gracia* se sabe de tierra pero de algo más. La tierra igual que el mar —nos cuenta— pasa algunos días por su corazón, otros "el Mar lo empuja todo", y entonces no encuentra frenos para detenerlo en su avanzada porque "Aquello que es el Mar huele a semilla: / a hombre que me hizo y que me tiene". Su declaración es categórica: la hizo el mar, la posee. Ratifica lo dicho en el sugestivo libro *Mujer sin edén*, libro impar en la lírica femenina española y relevante en su obra. Allí "Junto al mar", poema en cinco cantos que rezuman poesía, reconoce le sigue apegada:

Mecida dulce o brutalmente; poseída
o rechazada sin soltarme de sus brazos.

16

¡Oh mar de Dios, mar desatinado y mío,
mar que abrasas
mi cuerpo avaricioso de tu cuerpo!

A un poema de *Ansia de la gracia*, le da por nombre el significativo
de "Reiteración". En él ve el mar como una ventana abierta frente a
ella y las mareas son "mareas que dilatan mis entrañas". Y de ese
libro suyo *"Iluminada tierra"*, tomamos "Aspiración". Comienza el
poema:

El mar desparramó sus oleajes
batiéndome con ellos fieramente.
No culpo al mar, ¡que sabe el agua
si yo necesitaba que bruñera
mi cuerpo de mujer, tan indomable!

Aquí todo el mar se le va contra el pecho:

Todo contra mí; loco de olas,
callaba resistiéndolo sin queja:
¡rómpete ya mar, contra mi pecho;
derrámate de tí, yo te contengo!
. . . Y vino como Dios una mañana:
"Despiértate a la luz. Este es el día".

Y logró su aspiración porque en su obra está contenido el mar.
Da a la publicación después de *Ansia de la gracia*, el volumen *Mi
fin en el viento*. En el se acogen "Desierto Sajara" y "Tres poemas al
mar Mediterráneo". Sale a nuestro encuentro el mar:

" ¡Ay mar de mi génesis, el mar que me escurrieron
a una zanja de llamas: cuánto pesa la arena!

y la vemos hija de mar por el río llameante de la vida, sintiendo el pe-
so de la tierra en arena.
Los poemas al Mar Cantábrico, tres breves que acogen una página,

17

se llaman significativamente: "Ventana al mar", "Reiteración" y "Obsesión". Del primero oigamos: "Tengo aquí delante el amor mío, el mar, fragancia eterna...," En "Reiteración" lo ve como ventana frente a ella y las mareas bien nos dice son "mareas que dilatan mis entrañas". El mar para esta levantina es obsesión de realidad y misterio y "Obsesión" bautiza al último de los tres poemas cantábricos. Frente al que considera su amor, frente al "ardor verde", a la "ardiente selva de oleajes incansables", con reiterada voz de entrega, la alza para decir:

Te miro toda yo: cuerpo y espíritu;
los ojos y la piel vida por vida.

De enorme trascendencia para nosotros es: "Dios y el mar" de *Iluminada tierra* y si en gran parte del libro se la encuentra dialogando con Dios, en este poema la hallamos dándose al Supremo Hacedor y al elemento que seguimos en su obra, para comprobar que se suceden los ejemplos de su yo, identificados con ellos. Con ciega confianza con la misma fe que se entrega a Dios, se le entrega al mar. Oigámosla:

Tú el mar. El mar, Tú
la ola, tu mano; la mano tu ola
abandonándome a los dos ciega
y sorda y vuestra. Con fe.

¿Y qué nos dice en "Dolor", una de las páginas de *Vivientes de los siglos*? : Que el mar es un país, que el mar espera que vuelvan hacia él los pobres ojos que sufren, en pos de consuelo. Así nos enseña un mar divinizado esta escrutadora enamorada suya, al tiempo que compara lo negativo que puede esperarse de la tierra en oposición al perdón redentor de sus aguas, la que ha conocido su consuelo.

¡La tierra no te enjuga la amargura:
la pisas y te grita, te apostrofa!
El mar es un perdón, un blanco sueño...
Acércate a tu ser, y que él te acoja.

18

No quiere la poetisa decir el nombre del que canta y alaba; tanto lo quiere que lo da por sabido; ella lo ve, lo oye, respira su denso aliento, porque el mar como bien sabe "es de todos los que ven, oyen y huelen". Le llega cuando duerme y entonces él le murmura. Y la que no dice esta vez su nombre, le alaba la hermosura y el desencadenamiento y le confiere señorío:

Nada te oprime, eres libre señor de ti;
todo lo arrollas, suavemente mojas de belleza.

Si no lo nombra en cambio deja saber que su palabra es azul y verde, mortal y viva, y Carmen lo hunde en su pecho al que con audaz imagen llama "cueva roja" que se hincha porque es "tu vela mejor y mas liviana". Al mar pide que la lleve lejos de él y de ella adonde alguien que no los hubiera visto nunca, al verlos, creyera que era de ella, para que pueda decir gritando: " ¡es una mujer que lleva ahogada! ".

Y *"En un mundo de fugitivos"*, el libro que acoge otro poema firmado en Tierras del Sureste, está su deseo de volver por donde anduvo, de ser "sin dejar de haber sido, con una carga enorme de vivencias y una acumulación de futuros contactos que se le acercan despacio, que llaman a la puerta de su pecho como si "este abriera una puerta del mundo", y ahí frente a sus memorias pasadas y a sus memorias futuras, elegimos esta estrofa: " ¡ Oh campos de mi mar, memorias de una vida que nunca me viví, que siempre en sueño anduve! . / Ya tengo yo la luz que es tu mediterráneo vistiéndome del más antiguo y noble manto". Y esa vida que no vivió sino en la realidad de sueños, la ilumina y viste noblemente el mar.

Su libro de nombre *Los Poemas de Mar Menor*, lo editó la Cátedra Saavedra Fajardo de la Universidad de Murcia, en 1962. Si todo lo que hemos señalado en relación con la poetisa y el mar, inseparable de su obra, no fuese suficiente para unirla al gigante y salobre elemento, lo serían estos poemas. Bien ha observado Emilio Miró,[1] que ante este mar, su mar, la poetisa se entrega. Ya desde el primer poema que titula "Ante ti", le confiesa su amor:

Campo mío, de amor nunca confeso:
de un amor recatado y pudoroso,
como virgen antigua que perdura
en mi cuerpo contiguo al tuyo eterno.

Es conmovedora su franca y rendida declaración de amor: "he venido a quererte, a que me digas / tus palabras de amor y de palmeras", y se le ofrenda:

Me abandono en tu mar, me dejo tuya
como darse hay que hacerlo para serte.

El poema que sigue a este primero es "Historia". Lo describe en su calma: "es un mar sin jinetes, no galopa". La poetisa con la sensibilidad en total percepción, con los sentidos porosamente abiertos, amorosa y en gozo lo capta en su color, forma y sabor, y sabemos que "es un mar arracimado en dos brazos de tierra, que es un espeso vino de sales y de yodo, que sus orillas huelen a milenios", que "es un mar para jóvenes intactos" y para los que no son jóvenes y "Ya saben lo que el mar lleva en sí desde la tierra". Con sensualidad descriptiva y voz personalísima entrega su gozo lo que ve y lo que siente, ahondando policromías con el profundo pensamiento de su eterna búsqueda.

Página del Mar Menor es "Comprobación". ¿Y qué otra cosa hace sino comprobar su propia fugacidad en el tiempo? . Es cuando dice al mar:

Te sigo con la nostalgia de siglos
que no fueron ni serán míos. . .
¡No tener una edad inacabable para quererte!

Conoce su limitado hoy de vida y la conciencia de ello la lleva a decirle:

No tuve ni tendré una eternidad de ti:
Un minuto tuyo soy, y ello me duele tanto

20

que sufro al amarte, y te daría
más tierra de mí, quedándoteme.

En "Redimidos por el mar", encontramos el elemento que tratamos con don de redención porque a los que se le acercan los "bruñe y pule" y perfeccionados esos seres pueden mostrar su lumbre desde la luz del mar. Un pensamiento profundo hay en la alegría de ella de ver llegar al mar "los míseros de belleza, los lentos de la tierra": "Alegría para mis ojos tus dos fuegos, / que se salvan por el milagro tuyo". El fuego purificador ascendente y el fuego impuro, el infernal que va al centro de la tierra. A ese mar redentor canta: "— ¡ oh mar piadoso y mio! —". En estos cantos al Mar Menor se abandona con confianza: "Quedarme quieta es el ir entre tus manos / que despiertan al sueño". Y al mar se une en el poema "Incorporación a tu esencia". "Dentro ya de ti sostienes mi armadura"; y en su eternidad no sólo la soporta a ella, "tierra en declive", sino que ese mar es capaz de sostener milenios y es tan total su incorporación que termina el poema:

¡Ojos los míos que se abren ciertos
dentro de ti; videntes de ti, tuyos
y realizados ojos de la inmortal espera!

En "Devenir del Mar Menor" sus palabras son las de una sacerdotisa que vaticinara el aspecto futuro del mar en el devenir de un siglo, su aspecto en la eternidad y en "Seres en el mar" ese Mar Menor está poblado, lo puebla ella de seres que él exige desnudos "arrebatándoles el polvo milenario de la gleba". Los baña el mar, los purifica de sus siete toros negros", y limpios de pecados a su divino contacto aparecen los seres "destellantes de virtudes casi humanas". Por milagro de mar se nace nuevamente "a una paz del espíritu liberto". Así es de divino para ella el contacto del mar.

El paisaje del Mar Menor es paisaje de tierra y agua; vemos aparecer de nuevo aquella imagen de temprano mirar que le conocimos de velas marineras sobre la tierra. Los molinos "en el campo son navíos". "Ellos giran y giran; remos, jarcias, / sin timón

21

—que eres tú—, sobre los cielos". De nuevo son en ella mar y cielo: "La mar enorme que es el cielo para todas las aguas".

Y en el breve recorrido por *Los poemas de Mar Menor* reconocemos a "El patrón Meño", labriego de mar que le cuenta del líquido elemento, que le da noticias de los que habitan en su fondo, de los manjares que ofrece en las cuatro estaciones del año que generoso deja extraer de sus ricas minas líquidas. Pudiera creerse que Meño el Patrón es hermano del que cantó en "La loa del pescador", su esposo poeta.

"Bodegón es el poema que no se presenta para entregar una naturaleza muerta. "Bodegón" enseña la mesa levantina que le sirven allí junto a su mar, con sus gozosos jugos y al gustarla ella, encontramos en el vigor de su palabra el regalo de una novedosa y osada expresión:

¡Muerdo el Mar Menor
y me trago su sangre!

Y Carmen Conde recorre el lar marino "Entre la playa de la Horadara y el puente de la Greda" con fruición pensadora, evocando presencia de milenios:

Las mujeres caminando despacio, atónitas de maternidades
que no cesan; y los niños de fugaces formas ágiles
con un pedazo de futuro entre los dientes.

Por las playas menudas y agrestes que contempla "escapan ojos en purificación de vida". Mar bíblico que su voz proclama: " ¡Oh mar de mi tierra, oh mar de Palestina! "

Se suceden los poemas obras de amor. Canto al trabajo de los que llevan y traen piedras, de los que hoy levantan igual que otros hace milenios levantaron pirámides y templos es, "Albañiles del Mar Menor". Se identifica con el esfuerzo de los que recogen un pedazo de pan frente al mar que ella llama "mi mar aborigen". En "Luna en el Mar Menor", volvemos a encontrar el astro que ahora es luna de mar en septiembre. Toda una espectación de certidumbres a ella pide

22

que le cuente como hicieron la mar ya que él, preguntado no contesta.

Cuéntanos del mar; si puedes, luna, contarnos
como hicieron este mar:
si a la vez que tú, si antes;
si cuando abriste tu cáliz estaba ya aquí,
mirándonos. . .
Si fue después cuando oíste
el rumor de su estallido. . . Cuéntanos.

De su navegación por el Mar Menor, "Viajes por ti" de la prueba, pudiéramos decir, de sus dos mares inmensos como su poesía: el mar de agua y el mar de cielo:

la mar enorme que es el cielo
para todas las aguas,

y la comprobación de esa prueba es el poema "Contemplación absorta":

¡Quedándote eres profundo como sólo un mar lo puede;
como solamente un cielo que te crece de la boca!

El mar se enseñorea en "Días de levante". No hay presencia de hombres, ni de velas ni de remos en el que muestra ahora desértico y ella que flota sin moverse dentro del viento y de sus aguas lo respira. El pasado feliz le duele en el recuerdo y una nostalgia opaca su alegría: "salgo cubierta de tremendas soledades levantinas".

No hay acuarelas más traslúcidas del mar que las de Carmen Conde, ni lienzos que entreguen profundidad de mar como los que ha entregado ella. Olorosos como hechos para el olfato y el tacto son algunos de *Los poemas de Mar Menor*. Gabriel Miró le hubiese celebrado la plasticidad natural y sin alardes. Al cantarlo su voz tiene la resonancia de una caracola que se trajo de la playa cuando nació a la vida. El mar, afirma su voz, es inquieto y cambiante, es siempre el

23

mismo renovado y eterno, el que es y el que ella ha recreado en su devoto amor.

En relación con estos poemas debemos decir lo que pensó de ellos José María Chacón y Calvo, en *Abside* con motivo de la muerte de Antonio Oliver Belmás, esposo de la poetisa, cuando dedicó un emocionado trabajo a su memoria. Diríase que al recordarlo los presenta a ambos en justa semblanza. Oliver Belmás llevó al crítico cubano a conocer la playita de San Pedro de Pinatar, en la provincia de Murcia, rincón que hasta entonces no había visitado. Allí recibió una impresión desconocida: el contraste entre el Mediterráneo y el Mar Menor. Chacón escribe: "Alguien muy unido a la vida del gran rubeniano, su esposa amadísima, la insigne poetisa Carmen Conde, ha cantado en un libro admirable, *Los poemas de Mar Menor*, esta captación casi mágica, de aquellas aguas cálidas, de tanta densidad, que el más inexperto nadador puede confiar en sus aguas sin temor alguno"[2].

Tiempo después, en 1974, Zenaida Gutiérrez Vega, en la misma revista y con motivo del sexto aniversario de la muerte del poeta, señala que Oliver Belmás da una visión directa del paisaje radiante y luminoso del Mar Menor y que entre las diversas actitudes espirituales de su mundo poético advierte una honda dimensión humana y se identifica con el hombre en la "Loa del pescador"[3]. Unos versos de esa loa cantan:

Este que aquí levanto es un hombre de arena.
Todo sobre él transita. Sólo la mar se queda.

Yo sé que ante su alma se inclina la marea;
que el viento pone un halo azul en su cabeza.

Su mirada es lejana.   ¡Cuánto horizonte lleva!
Y en sus manos hay algas, peces, soles, estrellas.

¡Cómo manda este hombre en su brava frontera!
Los pies, los pies desnudos, son el grado que ostenta.

Puede decir, el que conozca esta composición del esposo de la poetisa y recuerde sus poemas al Mar Menor, cuánto mandaba en ellos dos el mar. Hasta la misma actitud de franqueza cordial, diríase, les viene a ambos del mar.

Un alto impone *Jaguar puro inmarchito*. Es cuando la poetisa regresa a España de Centroamérica y a bordo del "Covadonga" escribe:

Soy mar dentro del mar y hasta un astro soy del cielo,
porque en mi ser se confunden estas dos inmensidades.

El propio testimonio de ser del mar aparece en uno y otro poema. Imposible presentarlos aquí, todos. Navegando sobre el lomo del océano, ahora gris, exclama:

¡Oh, cuánto te amo, y te contemplo lúcida,
hasta perderme en ti, consciente entimismándome!

Salta de la tierra al mar la viajera, en camino de la patria, y en él encuentra su humana y más fiel apariencia.

Al regresar a ti recuperé mi forma.
Perdida sé que fuí por otras tierras tuyas,
y ahora que me llevas, me devuelves a mi agua,
te soy más tú que nunca lo fuera otra criatura.

Es decir, vuelve a una de sus sustancias vitales: el mar, y empeñada en perseguir secretos va en pos de los de él para saber que el secreto de este "se levanta y hunde, respirando como solamente puede respirar el Mar".

Al final del viaje, al abandonar el buque y poner pie en tierra es profundamente conmovedora su despedida.

Nos separará la tierra, porque ella es destino
y tú eres lo que sueño y algunas veces tengo.
. . . .
Hasta luego, mi dios. Volveremos a hallarnos.

No sé si a tu nivel o viéndote de lejos.
Que seguiré en tu pecho, tan blando y tan hirsuto,
eso lo sabes tú sin que yo lo proclame.

La tierra para ella es obligado destino pero el mar, su sueño y como es soñadora se nos impone en el recorrido por su obra, el mar. De *Enajenado mirar*, escogemos un verso y una estrofa del poema "Expectativa y conformidad":

No se muere ni se nace, sino que se continúa
. . . .
Contemplo como en el mar fácil se hunde mi cuerpo,
y como lo recupero para los pasos errantes.
Nado, medito y espero, conformándome con ser
el anticipo de mí para el mundo de mañana.

Con ávida expectación de un mundo en que devendrá la era del mar, medita ella hoy qué es y qué será para alcanzar la conformidad de su actual vida que anticipa resurrecta en ese mundo futuro que vislumbra.

Cuando la era del mar a los hombres sobrevenga,
descubrirán que mis ojos viven en el agua aún.

Mujer de agua, Carmen Conde se siente vivir para siempre en el mar. Antes en los versos de "Se comienza a vivir otro mundo" viene a ver al que la "inunda de propia y original sustancia", "convencida de su paternidad y de su gloria" y orgullosa de su estirpe escribe, testificándolo: "mi mar es más antiguo porque lo recuerdan más siglos" y al pensarlo, extraña su olor en cuerpo propio. Su declaración al vislumbrar otro mundo es que "la tierra es pretexto necesario a la húmeda/planta que se apoya disparándose al cosmos".
En *Cancionero de la enamorada*, por propia confesión la encontramos en paralelo de comparación con el mar:

No todos sabrán que fuí
extensa como la tarde,

26

solitaria como el mar
aunque lo surquen las naves.

Y otros versos debemos oirle. Caracterizan su mantenido sentimiento y son elocuente ejemplo de la mujer que es:

—Mar de mi amor desbordado
que no conoce su orilla;
amante del agua verde,
espada de luz fundida.—

Un libro más, otra proyección suya y otra presencia del elemento
que nos ocupa. El libro es *Corrosión* que llega rebosante de ese vivo
sentimiento suyo de ser parte del universo y sus hermanos en la
humanidad y que la sitúa, ya del todo, en el más moderno campo
poético. Allí nos sale al paso el poema "Pauta ante el origen" y le
reconoce su antigüedad milenaria asumiendo a las criaturas que se
acercan "al mar antiguo e intacto". No se resiste al mar:

Y cuánto pesas en mí, la más vulnerable tuya,
cuando derramas la pulpa de tus sales en mi boca.

Recoge en *Corrosión*, el "Canto a la vida" con su intensa vitalidad
humana afirmada contra la muerte que dijera Dámaso Alonso, esa
vida que sabe para ella a "sal de mar en la boca del hombre"[4].

En otro sitio y otra hora le implora:

¡No te vayas, mar, mar mío del que nazco
a cada gota de mis venas;
no me dejes solitaria y pobre sin ti,
que es desgajarnos eternamente!

Dedica a él un poema que bautiza con su nombre: "Mar" y le
confiere sabiduría porque el sigue "viéndola radiante en sus cenizas
humanas golpeadas en la vida".

Es constante su indagar, desear, explicarse, pensar que eso son las pocas presencias, mejor vivencias que hemos presentado. Oigamos una de "Un momento en Manhattan" de *Corrosión*. Con su palabra como la quiere ella y es, fulmínea, ha fijado:

Todo es fuerza que desata
la oscura raíz marina.

Y a la vista de los rascacielos regala el lujo de esta metáfora vigorosa:

trasatlánticos en pie
para acoso de los astros.

A la vista de Manhattan, los rascacielos no son sino imponentes embarcaciones que navegan cielos. Tiempos atrás los molinos aparecieron ante ella como velas sobre la tierra y es también en *Corrosión* donde nos habla del alma anticipándose en el camino al mar y en su busca dice:

Ardiente es la prisa por alcanzar su orilla
antes de que la sequen las hambres
del desearlo tanto.

La verdad de su hambriento deseo de mar es una proclamación continua.

Infinitas son las imágenes que del elemento agua salobre se suceden en su obra. Define el silencio y en la definición encontramos borde de mar:

El silencio es una costa de la sombra
en la que no desembarcan voces nunca.

Bien entiende ella que si falta la luz de la voz haya todo un mar de sombra y en "Sino" su ambición de vuelo, que en su avance poético es un ansia yendo hacia su otro ámbito, la luz, para no quedarse en raíz desea ser "el puerto de las aves", "la tabla del navío".

Esta mujer sorprende por sus giros metafóricos de inesperada novedad. Piensa que la yerba que tanto pisotean y maltratan puede un día rebelarse y la ve en su furiosa rebelión, crecerse e invadir destructora como la "desbordante marea de la yerba, / clorofilándolo todo hasta matar la vida". Persisten las imagenes marinas en su lenguaje que proclama el latido de Dios en los hombres es una resonancia de oceanía. En otro canto muestra como los pedazos del mundo se confunden y al mostrarlos encontramos al lado de "crestas de naciones", aletazos de océanos". A la primavera —"gloria del hallazgo"— le celebra "el bautismo inicial en oleajes de pájaros". La poetisa suspira y la arena de su suspiro es "playa de loco oleaje" y cuando los recuerdos llegan y se le imponen, siente que "desembocan oleadas de memorias". Para las imagenes de su canto poético hay un cultivador incansable: el mar, que sabe que la renacida en él es criatura "con voz e ideas sólidas" para cantarlo.

El es símbolo de libertad para la tierra de la poetisa, para el río de la vida suya que siente que al llegar a él, al final del tránsito del fluir de la vida, "por fin se olvida / que hubo de ser para la tierra un cuerpo". Y ratifica lo que dice: "Sólo en la mar le es posible libertarse al cuerpo".

Para la poetisa el mar es origen, tumba resurrección, eternidad. Es "sueño largamente vivido de entregarme a la mar", —dice— de la que no puede libertarse por vivir en pasión de ese elemento y dos cosas confiesa que ha querido asir, que la roen en su ansia de posesión: la palabra y el mar.

Y ella que le confiere tanto rango a la palabra, que en su último libro nos ha dicho: "Ni dejándome morir de amor y de muerte, he podido captar la palabra "Palabra", que la declara criatura inalcanzable, ella que la ha "desnudado, descompuesto, desgarrado en sus tejidos más hermosos", que la ha vaciado de luz y sombra sin gustarla como ansía gustarla, que ha dicho que la palabra no es de ella ni de otros, "la palabra total que lo abarque todo e inviolable lo encierre, exacta", la palabra esa que ha llamado "mundo y firmamento", en su definición es "polvo rojo de vísceras y cuerpo de la mar", es decir, sangre visceral, humana, latiente y cuerpo de mar humanizado.

En el título del último libro —sustancialmente biológico y

metafísico—, *El tiempo es un río lentísimo de fuego*, encontramos el fuego en ella hecho pasión, elemento hacedor y purificador, en el tiempo recorrido del vivir la vida hacia la eternidad yendo hacia el mar. Por algo expresó en *Corrosión*: "Es preferible abrasarse que ponerse frío, y morado / como una turbia medusa sobre la arena. . ." Y en *El tiempo es un río lentísimo de fuego*, también se lee: "Y el agua se entrega a ser río porque fuentes la llevan a la mar". Así ella, por uno u otro camino, viene del mar y se entrega al mar. Aquí sobresale el retrato del hombre ideal que más allá del río de la vida podía ser:

> Sobrevendría el hombre que fuera igual al Mar:
> con sus oleajes y sus tempestades,
> ilimitado y tierno viniéndonos descalzo
> sin que nadie impidiera que él se nos llegara.
> . . . .
> Si fuera como el mar, como la mar el hombre
> sólo cielo tendría arriba de su testa;
> ni polvo ni angostura con barro oleaginoso,
> ni rocas que opusieran sus flancos al empuje.

Si este breve recorrido a manera de viaje marinero que ha tocado algunos puertos de su obra, con sustancia, entraña y luz de mar, no fuera bastante para unirla a él, oigámosla una vez más en su libro *Once grandes poetisas americohispanas*, y en el capítulo que dedica a Alfonsina Storni, la incomprendida gran poetisa, que truncó su vida entregándosela a las olas, decir con voz de autodefinición: "Pesas en mi corazón esta tarde —yo que soy mujer de mar y lo amo tanto— como si te hubiera conocido".

Y hace muy poco aún, en enero de este año, en la entrevista que don Enrique Beotas le hizo para el madrileño *Ya*[5], dejó saber que lo que más le gustaba era viajar por todas partes y declara: "Me gustaría sobre todo viajar por el mar; eso, para mí, es una delicia. Para mí el mar no es vencerlo ni dominarlo, es dejarlo que me tome". Diríamos que el mar en gran parte ha tomado su poesía.

Carmen Conde, de regreso de Nicaragua en 1963, a donde había ido con su esposo, la tierra de Rubén Darío que honró la devoción y el desvelo del poeta español por el poeta nicaragüense y donde mucho la honraron a ella, hace escala en Puerto Rico, y al partir, al desprenderse del amor y la ternura que le dieron en la isla caribeña, después del emocionado reencuentro con Salinas y Juan Ramón, al pisar una ola que le es "umbral de su patria distante", canta:

¡Si no fuera porque mi patria es una red de arterias
que me invade como un mar sólo puede,
yo me quedaría aquí, al amparo de vuestros pechos!

Y la patria invadiéndola por red de sangre y espíritu, de la que no podría desprenderse solamente puede compararla en la hondura de su amor de vida y entraña con el mar, porque con igual intensidad el puede como aquella, invadirla. Su espíritu está proyectado hacia todos los caminos terrestres y ultraterrestres y siempre de pie sobre la tierra, estirándose en vuelo o entregándose al mar. Parece leyéndola, oyéndola, que su poesía tuviese una rosa náutica de mágicas agujas que orientaran su espíritu en múltiples direcciones y hacia los cuales la lleva su raudal de vida. El mar para ella es símbolo de vida, de transformación, de dinamismo. En el mueren los ríos pero él no muere, es como su poesía total e integral. Tal vez por ser tan humana ha tenido que humanizarlo. A ratos él la lleva por caminos de recuerdos que nostálgicos se entronizan en su obra y a los que se sobrepone su alegría de vivir. Siempre presente en ella el mar. En horas de alegría y en horas de dolor. Encontrarlo en su "Canto a Gabriela Mistral" a quien tanto quiso y admiró, no fue sorpresa y a la chilena canta: " ¡Qué marea de Andes, / qué Pacíficos nadan tus venas;" y después de decirle a Gabriela que su voz es toda una selva "que inunda los sembrados de voz de los hombres", la aureola con el mar en estos versos:

Has abierto la puerta del mar,
aureolándote viva de olas.

Hemos visto que en Carmen Conde, la voz lírica femenina más alta de este siglo en lengua española, el mar es más que imagen, que osada metáfora, que deslumbramiento. Al mar lo vive agónicamente, le da rango de humanidad, lo hace parte vital de su cosmos, lo puebla de seres, le da sapiencia de oráculo, lo hace personaje de futuro. Le ausculta el latido en la calma y en la furia. Lo hace testigo de historia, morada de Dios. Se identifica con el mar y corre con él vida de sueños o vida dolorosa antes que el río de su vida sea mar, porque va hacia él con la sabiduría que le supo Manrique. Se sitúa frente a él, lo contempla, lo escucha, le habla, le pregunta, reflexiona y medita. Se le entrega. Su inquietud es la del mar. Nacida de él, pide el aire y la luz para su vuelo. Hasta el cielo lo hace mar inundando cielos o bajando cielos a que beban mares. En esa ansia que la domina lo encontramos, en su palabra lo sentimos. En el ímpetu incansable de su potencial lírico hay dinamismo de mar. En la renovación expresiva, la eterna renovación marina. Sus proyecciones tienen la dilatación de su líquido manto cuando es amplio y no alcanzamos a verle las orillas. La profundidad de sus interrogantes frente a la vida y lo eterno, son las insondables del mar. Ante él nunca cierra los ojos y esta curiosa de universos por él se aligera de toda gravitación.

La pasión que se ha señalado en la obra de Carmen Conde, la padece por el mar y la hermana a la arena por una misma sed, la de "esa mar —dice— que contiene mi sed avarienta / como una pasión sin colmo". La padece por su mágica realidad que la atrae, lo identifica a sus sueños sin límites, le da espuelas a la riqueza de sus imágenes y metáforas, se acopla a su chorro de vida. Su mar es un mar existencial y es un mar mítico. Es origen, fin y resurrección y porque lo es, canta: "es por siempre la mar agua y cielo lo eterno". Y la que siendo múltiple es una, ha fijado en imagen de unidad con el todo, estas palabras: "Dentro del mar no se ve el mar; se es lo mismo". Es decir se es, en él. La poetisa que tanto ama a los jóvenes, quiere allegarles su voz y llama a uno:

Adolescente, tú muchacho:
el que reluce mojado por el agua de mar.

Y ese adolescente que elige su llamado es como ella: reluciente de mar. La que ha sabido oir sus voces y decir en "Junto al mar", que la fuerza y la sustancia de este renace y muere en sí, lo identifica con Dios y lo consigna: "Es Dios, el mar".

En relación con ella se han citado las influencias de Gabriel Miró, de Juan Ramón Jiménez, de Gabriela Mistral. Cuando se nace con voz propia y auténtica viene a engrosarse, siendo el caudal de lo recibido. No sigue escuelas ni puede señalársele influencias. Es ella con valores tan eternos como los del elemento que admira. Le ha hecho gracia oir hablar de las influencias en su poesía y al oir mencionar a Miró y a Juan Ramón, ha dicho que tal vez sea rastreable la obra de los dos, pero muy poco se apreciará el influjo de ellos en su poética [6].

Carmen Conde trata de interpretar lo que ve y lo lleva a sus versos, honradamente, como honradamente dice lo que piensa y canta lo que siente. Sin embargo, consideramos de gran interés y trascendencia lo que en una de sus "Humanas Escrituras" ha dicho a otra poetisa española, a Rosalía de Castro:

Busco tu brazo para apoyarme en él
. . . .
Eres una madre de mi espíritu, llegaste
cuando íbame subiendo la marea
que a firme vocación alcanzaría.
. . . .
No temems que el camino crezca
delante de nosotras, somos una
en andar y en sentir: somos las hijas
de un mar sin piedad, aunque yo tenga
otra mar más suave que me ayuda
a vivir entre fríos, y me alienta. . . ,

Y sabemos que como Rosalía ama la tierra, la vida, los seres todos que son y fueron, busca la luz, se entrega a la naturaleza, al sueño y como Rosalía siente el mismo deseo que aquella tuvo:

Aunque tú como yo, ver el mar has querido
antes de reintegrarnos a la sombra.

Ha dicho Miguel Dolç, en las páginas que anteceden a la antología que lleva por título *Días por la tierra*, selección en la que predominan el amor, el mar y la vida, "que no era probable que la escritora, dado su temperamento, se hubiera aplicado a la perfección formal o a la poesía hermética, no necesitaba —dice el mencionado autor— ningún artificio ni aristocratismo para ser grata en su belleza directa, sana, natural y desbordante, porque como todo verdadero poeta tenía un mundo que revelar, no importase cuales fuesen sus circunstancias"[7]. Pienso que esa poesía, sana, directa y desbordante, le viene en mucho del mar.

Hemos de cerrar este encuentro de Carmen Conde y el mar con uno de los poemas de Mar Menor. Su título: "Pacto". Mucho han hablado los dos de vida y muerte, de cosas secretas y profundas, de cosas pasadas y futuras, de mundos milenarios, de mundos por venir, de cosas reales y mágicas. Han estado unidos en la alegría y el dolor, en la fe, en el sueño y en el ensueño. Ella le ha sido fiel, se han jurado promesas. Puede decirle:

Pactemos, mi mar.
Corrobórame íntegro el pacto.

Se le aleja por imposición de vida a la selva de las casas y los hombres de la tierra donde para cumplir su destino tiene que habitar, pero ella ha de necesitarlo para sobrevivir y la que se ha declarado sierva del arcángel le da ese rango y le demanda:

Cuando me vaya a la selva de casas
y de acuciantes urgencias anónimas,
has de acudir, tal y como te veo,
apenas mi corazón desmaye,
levantándome ante mí, arcangélico azul inmenso,
bañandome el duro mundo de mi contorno humano.

Y con su voz única, carmencondiana, desde el hondón de su

emocionado sentir, sabiendo que él la sabe suya, que por fuerza
habrá de evocarla, advierte y en el pacto consigna:

Y por las noches de ti, apenas callen
sus extensos rumores pinar y viento,
has de evocarme tú, has de escucharme,
diciéndote:
  ¡Quisiera yo ser eterna sólo por verte!

Granville, Ohio.
Octubre, 1979.

Carmen Conde and The Sea

What surges of centuries
travel my soul and I,
whereto? . . .

Oh, yes, I know; I do not ask, I affirm!
Surrounded by sea froth like a small island
I rise, reaching for You, the Sea.

C.C.

THRESHOLD

Only a woman of seashores and rising tides, of marine presences, surrounded by an aura of longings could penetrate and understand the secret life, the roots, the ties, the fruitful tenderness of the relationship between Carmen Conde and the sea. Only a woman like Josefina Inclán, who shares with her a twin landscape, the remembrance of multiple waters, the luminous, iridescent horizons, the becquerian waves that break on remote, craggy beaches and who can dive into the poetic complex of Carmen Conde as if compelled toward the roots of her own being. She identifies herself with her own world, interpreted in the ancestral images of the Spanish poetess to find the renovated memory scene of the blue tropical waters.

Their common experience of the sea and of womanhood enables Josefina Inclán to plunge into the nautical circles of the great Spanish poetess with the practical and dexterous wisdom of a small island seawoman —to use that beautiful image created by Doña Carmen, the small island of her being in search of the sea. Inclán comes to us from another small island which is not a metaphor but a presence to her. She was born there, surrounded by waters and sea froth and thin sand and there she learned the story of that generous little girl who went to the sea when the suns was bright, wearing the small feathered hat that anticipated Alphonse Mucha's drawings. In view of that she is the perfect exegete, truthful and illuminated for the exploration of that miraculous pelagic bewitchment that impels Carmen Conde towards all the oceans of the Earth. They are both

41

daughters and mothers of the sea. The peninsular seas, which determined the passage of explorers and great-grandparents, have been subdued by Carmen Conde, transformed into her personal, human experience, a comrade in her rebellious melancholy of modern intelligent women.

Inclán takes a sounding of the oceanic language of Carmen Conde and interprets it well because it is her inherited sea and the native sea of those ancestors who tamed the implacable storms of the Cantabric Sea.

Inclán perceives and translates the oceanic language of Carmen Conde because it is also her inherited sea and the native sea of those who tamed the implacable storms of the Cantabric Sea. In possession of her bequest, Inclán is able to capture the varied world of this great Spanish woman, that elusive ocean, brotherly and inimical, divinely inscrutable. A God-sea, a personal sea, sacramental and mysterious, an inaccesible lover, so different from that which surrounds us now, utilitarian and hard working, a path for tourists, this ocean incapable of conversing with its poets. Opposed to those other seas investigated by Inclán, this sea turns into poetic matter only through the dream. It does not live, it does not converse, it is an image imagined through an inflexible mirror game, reminiscent of Ezra Pound's famous line: "for the sea left him delighted with the / imaginary / audition of the phantasmal / sea-surge". For the great northamerican poet the sea is pictorial: "Glass-glint of wave in the tide-rips against / sunlight, / Pallor of Hesperus / Gray-peak of the wave, / wave, colour of grape's pulp".

The line is beautiful, but the interaction between man and the sea is reduced to a look, the poet's hands are never wet. And feminine intuition as to the American sea does not come much closer because, for example, in the case of an Emily Dickinson the relationship to the sea is simply painful. In the lines most often quoted from her works she says: "I never saw a moor, / I never saw the sea; / yet I know how the heather looks, / and what a wave must be."

These partial examples of a continental culture help us to a better understanding of Josefina Inclán in her wonderment and of Carmen Conde in her delicate and voluptuous surrender to the sea, the conversationalist sea, the sea-colloquy, a sea of peninsulas and of islands, as the seas of both writers are; a secret sweetheart sea, friend and confessor, eternal and brief. A sea for poets, Esproncedan and Freudian, innocent and lascivious, purifier of all sins and a symbol of all mysteries. Thus it is seen by Carmen Conde as she meets all its faces, as she makes her confessions to it, cries and dreams, or remembers and waits. Every hue of this changing relationship, of this uninterrupted conversation is examined in detail by Inclán, and she reveals them in their purest form, without ever interfering with or intercepting the message and the words of the poetess.

Somebody said —ever so accurately— that the water is the poetry of the landscape, but there are very few poets who have ever been able to interpret or communicate in words the power of the waves. There are lake poets and river poets, poets who sing of murmuring rivulets, of storms and hurricanes, of shipwrecks, poets who, somehow, step always firmly on the land. Carmen Conde escapes towards the sea, submerging her heart and her word, thus surmounting the earth's gravity. Josefina Inclán, who has gone like her through simple and difficult everyday experiences such as rebellions, disciplines, renouncements, sweet or bitter memories of seas and of journeys and above all an exemplary dedication to writing and teaching, can demonstrate that she is the poetess' best expounder.

Esperanza Figueroa

Miami, 1980

CARMEN CONDE AND THE SEA

I expect to be asked why I have entitled this essay "Carmen Conde and the Sea", when I might as well have called it "Carmen Conde", Poetess of Light and the Sea". Every poet carries within him a portion of the Cosmos. The poet represents it and both he and his poetry deliver, in their vision of the Cosmos, the elements that form the physical world, elements belonging to the most refined, passionate and profound spirit; a sensorial imagery of the utmost novelty, the deepest metaphysical issues, the most palpitating and heart-rending human presences; but when I first met her, and without knowing that the sea and her belonged so deeply to each other, I saw her very closely tied to it, to that ocean, eternal and so new, so permanent and ever-changing, just born and reborn. Her presence was that of a restless wave.

Following the path of her poetic writings, it is possible to write a biography of the poetess, starting from her own creations, her dreams and the realities of her wandering through the earth, with the presence, the life and the images of the sea, that show to what extent she is tied to the ocean. Every poet seems to have been born under one of these four signs: fire, earth, air and water. She seems to have been born under the greatest intensity and depth of the liquid element. She encompasses all of them; but there is evidence to the fact that Carmen Conde experiences a special delight when she is

The poetess asks herself throughout many beautiful pages of moving memories, by what mysterious plan she was able to endure when she was small, the proximity of the graveyard, a place so frightening to children, and she gives us the answer: "On the bannisters of its yards (those of the cemetery) that looked upon the sea, I loved to look out and admire the sails of the fishing boats." And she narrates how she would go into a solitary ecstasy, while her relatives noticed her absence. She felt pressed by a yearning to avoid these mysterious things she could not decipher. "That is why, she says, "face to the sea, in the motionless shadow of the quiet ones, I opened my heart to the light through which I see today."

Since that time when she opened her eyes, face to the sea, to the splendor of Poetry, she has delved into many mysteries of life and of Nature. She has deepened both the joy and the sorrow, she has dreamed, she has grown towards God. There is another presence of her childhood that she recalls; a presence of eloquent love. That friend, who is always more intimately close to us in the days of childhood, asks her why she loves so much that street, the end of which is the graveyard. Without delay, she answers: "From here I can see the ocean. That's where I came from, and that's where I'll go when I die."

During that time she learns about the death of a small boy. The boy's mother wants to cover the little corpse with roses, and the smell of these flowers fills the room. Carmen, already a grown woman, remembers the women "closing their eyes that were frightened by the fragrance in which the little room sailed." What a seaworthy image, that of the little room, sailing, sadly, on the fragrance of roses.

Through the poetess herself we learn, in her book *Empezando la vida: Memorias de una infancia en Marruecos* (Beginning life, Memories of a Childhood in Marrakeesh), that when she was still a very small girl, she prayed to God to intercede for her before the elements: fire, air and water, so that they would never destroy or burn her house; and, adknowledging the enormous power of the

50

ocean, she ended her prayers confident in God, asking Him to order the sea "not to come growling and jumping sideways", a poetic image she kept in her childhood. "The earth", she says, "did not scare me back then. I was so small that I still belonged to the earth and could not feel it strange to me, so I was not frightened by it."

In her work *Sostenido Ensueño* (Unending Daydream) there is a poem called "Ifac: declamación" (Ifac: recitation), and I will pause to read the poetess message carefully. It is a poem teeming with life, that points out the many facets of its authoress. "This warm multitude of waters that fecundate your roots a lover of the green sea's, continuity and of the earth I have crossed, has taken me into its arms to know forever of my earthly body, and of my soul, opened into spaces." And where she "lovingly burns in an unceasing music of sheer joy." This recitation of "Ifac": is an identification of the poetess with the sea. "Ifac, I want to tie you to my feet", she sings, "the most sensitive women come around you for this only, sacred posession of your verticality over the sea."

Her voice becomes stronger as in a crescendo: "But only I am here, though humble and lacking in the most visible gifts, small and throbbing in waves of ecstasy, eager as no one else to feel you in that magic volume which, though immense, is containes in my soul, without the limits of a body." The poetess, though she calls herself one who is "small and throbbing", feels eager and capable of experiencing that magic volume her soul can hold, without being limited by the body. And she adds: "And that is why your salt and iodine, and your smile full of power shall always be my greatest treasure. And I will also be your treasure, less strong, but a burning voice that sings of you." In that same book and in "Ifac: canción para suicidas de amor" (Ifac: a song for suicidal lovers) we hear the voice of the sea saying: "There is no rest within me, for another. The fate of the sea is to sustain the ebullition of matter." In the same way there has been no rest for this poetess' voice, so changing, so immense, a universal voice that was born, as she has said herself: "delivered by itself", a voice with eyes that see and never cease to

With the purpose of our encounter and identification with the sea, we will pause in our journey through the cosmos of the poetess' work, to concentrate on the book *Poemas de Mar Menor* (Poems of Mar Menor) written during the summer of 1959; those poems were written facing her sea, to which she gives herself with love, a sea that she identifies herself with throughout the centuries; a sea that rises in nostalgic waves. And we will not give our attention to that book exclusively: but, within the limited scope of this essay, I will pause to read some poems, and lines of other poems —not as thoroughly as I would like to— in order to let the voice of the poetess herself reaffirm poetically her band to the sea through her poetic musings, so rich in feeling and deep concepts.

In her first book of prose poems, *Brocal* (Edge of the well), we read: "At the bottom, in the high crystals, the sea. In the lower crystals, the sea. And always —still! — a ship, anchored at the window". In a later page we find the sea, once again, filling the window panes; and, as she remembers a monotonous working day, she writes: "Because on those ships that I see sailing from here, my soul flees to, in every afternoon". A mill is, to her, a sailboat of the country, and when it rains on the orchard, she notes happily: "One can breathe the enormous breath of the sea". Then she feels joyous and brings this joy to the ocean: "Sun, God./ To the sea, with breezes of motionless seagulls, we shall carry this joy." Images of great originality appear without pause: "If I poured all my geometries in the water, five ships would find submerged islands with circles of fish and sirens". From the very beginning, her work appears within the frame of a seascape.

At dusk the poetess sees the terrace rising "with the agility of the stars"; and just where that terrace is taking her, she says it clearly: "it is taking me —taking us! — to the sea."

She begins her search within the immense liquid element, and there she finds "curdled almonds"; and in that youth, her own, that she gave to her book *Brocal*, "the moon is sailing downstream and the brigs of the sea, and the roses in the field are filled with its light, which was a different skylight." She observes that the afternoon "with its great swiftness merely insinuated wants to put out her torches." In that hour there are no rivers or pine trees: "all the rivers and the pines in the world are flowing towards the great path of the sea." The flowing stream that cuts through, opening furrows along the surface of the earth, and the tall, straight pines that stretch out to the sky —a new sea that will appear magnificent, from now on in both her prose and her poetry— bend down to run towards the sea.

The book *Júbilos* (Joys) follows after *Brocal*, to bring to life unforgetable experiences of childhood days; and we know of the moving farewell to her father, who had to go away from home. The grieving child links in her memory the farewell, the sea, and a sailboat. "The ropes were loosened, the sea lurched, and, at midnight, in the middle of the harbor, the father cried out her little name." The sea was the path that separated a father and his daughter. It took the father away from the peninsula, in search of a better future. It brought him back to her in Melilla. "For how many months she ached, the girl so ill with her goodbye", the poetess recalled in a page full of intense emotion. Thus, we can see how the ocean left its mark very early in her life.

Still a child, she had her first encounter with the beach, at night. It happened in Africa, in the Spanish Melilla. "That North-African Sea, when it turned mad, screamed every hour, through the shells, black with anger." She finds the beach covered by a transparent dress, because the moon is returning and, that moonlighted beach is recalled by her in this manner: "it called me to its foam."

It is also in *Júbilos*, that series of poems that speak of "children, roses animals, machines and winds", where we learn that the winds come from the sea, and that windmills are young peasants that plow in the sky; that the earth that nourishes them is golden, and also that this earth would end up as a ship. It is only natural that the sloping earth should be a ship for this woman of the sea, born next to it.

facing the sea, or inside of it, as if it had been born out of her own being, to deliver it in an endless poetic song, because it is hers, and she can do so.

According to the French critic Gaston Bachelard, every poet is born under the sign of an element. Carmen Conde, who has sung of air and light, while standing on the earth, seems to have been born under the sign of water, especially the sea. This woman from the Spanish Levant has proclaimed it many times.

A Dictionary of Definitions says that the sea, the oceans, are a source of life, and also the end of it. The ocean is perpetual mobility, and science confirms that all life began in the sea, even though in the primitive cosmologies, preference is given to fire as the origin of all beginnings. The river —it is said— symbolizes creative fire, and it also symbolizes time. The poetess is an oceanic creative force, a dynamic, ardent, passionate creator; and it is understandable that this daughter of the sea, this oceanic creature, should sing in her prose poem "Lucha con la tierra" (Struggle with the earth):

> No, never a seed; never inside the earth.
> I do not want to be imprisoned in the earth!
> Air was made for me,
> and light was meant for my eyes;
> all things that move are mine.

Before the last line of that stanza, we understand that the restless element of unending movement, belongs to her, because she also belongs to it. She signs of it with great beauty:

> Those waves of the unforgettable sea are plying
> like the waves of the present sea.
> Because the sea does not depart itself
> and always is the ocean that remains
> until remembrance alone beholds it.

46

In *Derribado arcángel* (Overthrown archangel) her voice, the voice of a woman of the sea, rings clearly: she says that the sea is hers, she bleeds it.

. . . .
What a heart could I offer the sea
so that I could hear it how I heard it, mine and shared,
sea of unending blue, oh, blue sea that I bleed?
. . . .
How I thirst for you, oh how I yearn to drink you,
from your own gullet, at the threshold back then!
Search for me, I carry you, become mine and take me
as you take all the boats and the tremulous shores.

The thirsty, avid woman, already ravished in a threshold beyond time, that comes from the past, her body on the ocean's body, says poetically:

You push your own great surge
and I respond.
Obsessively you, once and again. . . ,
before my eyes repeating yourself without rest
inside my blood, striking myself with you.

Her only resistance is that of the flame that burns both life and dreams. Then, the sea becomes in her imagery "a palpitating cave". . . "where I burn my wave of longings", "my flaming resistance". She who hates death and despairs at the thought of extinction on earth, confesses before the sea: "though I am dying to burn with you! ". And her word, that "dove-word" that flies on the coolest shores, in her words "has drunk the water/of her earliest tears"; and then that word which started as a dove, became "a fish". Thus, in a line full of lively and dynamic images, we find her "dove-word" flying like an arrow, turning into a fish, to swim under an ocean of tears.

47

ask, squeezing out the juices of mystery with the word's own blood, a word she always gives inconstant and deep as the presence of the sea.

We find her always attracted to it, to its voice, to its origin, identifying herself with it; and because she does, in the poem entitled Sobre la arena (On the Sand) she says, with her body close to the earth, lying on the sand, facing the stars, listening to the murmur of the sea, how she hears it: "not in the wind by your shore, but under my head, in the undermined depths of the ravished, penetrated earth, moaning with the rough joy of your constant caress"; and she, always trying to grasp the naked word, the word that uncovers its innermost depths, only to cover them up again at will, cries at the voice of the sea: "Oh, shape of your own word, that no one can ever destroy! Oh, Creation, sea of your madness aroused! " Evidently the poetess wants to shape her voice as the Ocean does its own voice.

In another of her songs, significantly called "Origen" (Origin), with a very feminine appreciation, she notes: "If you belong to the sea, when you go through the jungles you will perceive with sudden vividness a raucous beating of a strong circulation, rushing bells will run through your temples, overturning your heart; for what you hear is the voice and the breathing of your own lover." She has made it very clear: "If you belong to the sea". Could this be said by someone who does not recognize the sea as her lover? When she looks for the moon and finds it in her sleepless nights, she recalls those days of her adolescence when the moon was not so elusive, and she says to Her: "Who could ever break the evil spell and let you come like a flood on my harbor of sighs! " She belongs so much to the sea, that in order to fill her dreams with throbs of life, she has created a harbor within her innermost self.

In her book *Mientras los hombres mueren* (While the men die) her beloved element is present: "In the deepest root of the sea my brothers nailed their screams of terror." She humanizes the sea when she says: "And the sea kept swelling forth dense mountains of green flesh with necks of winged lace." In her grief at the death of her brothers, she asks for a ship with a flag of smiles to reach the crying that swells forth from the sea.

In a new book *El arcángel* (The archangel) the presence of the sea prevails through the poetess' passion for life, saturating her poetry; and, while she waits for her beloved archangel, whom she looks for and prays to, she exclaims: "To wait for him in the nights is a tragic auscultation in a raving expectation, for I am a creature of pure faith," "a warm sand for his oceanic swell of feathers." Her beautiful metaphor describing the appearance of the archangel, is a pure, white, pounding surf: "an oceanic swell of feathers! "

And in the poem "Transfiguración" (Transfiguration) already enjoying the descent of the archangel into her body she knows that she is now a seer, and she has become wise by the miraculous possession of the archangel. Possesed by her own visions, she says: "I can see and delve into the secrets of the sea, I understand its toughness of seaweeds." And she asks the celestial visitor: "Oh, my archangel, my garment —who raised his voice ordering the sea to open itself before me, fruit-bearing and mystic? " And the archangel answers, speaking of the sea: "Dream of it and learn it by heart."

The poetess, who had asked the archangel whose voice ordered the sea to yield to her, fruitful and mystic, closes her poem "Transfiguración", enjoying her glorious possession, and she says: "The sea, as explained by the archangel, is contained in the warm urn of my sustained dream." That is the sea to her: a dream, long sustained; a reality endlessly dreamed by her.

From her work *Mío* (Mine), pages of a refined lyric prose, gather the motives in her voice: "That plenitude of the sea through which I entered the world of poetry." Other pages give the definition of her name —Carmen— a name "quickly pronounced, that emerges from the depths of her throat" and, if it is cried out loud, "The sea answers."

Even when she meditates we find images of the sea in her work; and in the poem "Jardín de El Escorial" (Garden of El Escorial),

From her book *En un mundo de fugitivos* (In a world of fugitives) there is another poem dating from her days in the Southeast, and where she expresses her wish to be where she once was, to be, "without ceasing to be what she was", with an enormous load of experiences still dormant within her, accumulating future contacts that call on her breast, "as if it opened a door to the world"; and there, facing her memories of the past and those of the future, we have chosen this stanza: "Oh, fields of my ocean, memories of a life/ I never lived but walked in a dream/ I now have the light that your Mediterranean is,/ dressing myself with the oldest, noblest robe." And that life she only lived in the reality of dreams, is dressed and nobly illuminated by the sea.

The book she entitled *Los poemas de Mar Menor* (Poems of Mar Menor) was published by the Cátedra Saavedra Fajardo of the University of Murcia, in 1962. If everything we have pointed out in relation to the poetess and the sea, inseparable from her work, is not enough to wed her to the gigantic, saltish element, these poems would suffice. Emilio Miró[1] has pointed out clearly that surrender of the poetess to *her* sea. Already in the first poem, entitled "Ante ti" (Facing you), she confesses to her love:

> "Oh, my field of love never confessed
> of a chaste, bashful love,
> like a virgin of old for ever lasting
> within my body, next to yours eternal."

Her frank words of love and surrender are very moving: "I have come to love you, to have you say to me/ your words of love and palm trees." And she offers herlself:

> "I surrender to your sea, I become yours,
> for one has to surrender to become you."

The following poem is called "Historia" (History). She describes a calm ocean: "It is a sea without riders, it does not gallop." The poetess' perception having reached the utmost level of sensitivity, with all her senses in open expectation, loving and joyful, captures the sea in its color, shape·and taste, telling us it is "a sea clustered within two earthy arms, a thick wine of salt and iodine, and its shores smell of milleniums", and also, "a sea for untouched youths", and for those who are no longer young and who know "what the sea carries away from the earth." Sensuoussly descriptive, with a very personal voice, she speaks of her joy, what she sees and feels, delving into that many-coloured world with the deeply rooted thought of her eternal quest.

An important poem about the *Mar Menor* is "Comprobación" (Verification). And what else does she do, but verify her own fugacity in Time? It is then that she tells the sea:

> I follow you with a homesickness of centuries
> that neither were, nor will be mine. . .
> That I had an unending age to cherish you!

She is conscious of the limited "today" she lives, and that consciousness makes her say to it:

> "I am but one minute of yours, and it is painful
> that, loving you, I should suffer, and I'd give you
> more of my earth, staying within you."

In her poem "Redimidos por el mar" (Redeemed by the sea) we find the element of our concern, with the gift of redemption, for it "burnishes and polishes" those who come near it; and, once perfected, those beings can show their light from the radiance of the sea.

There is a deep thought in the poetess'· joy at the sight of "the wretched without beauty, the slow ones of the earth", when they come to the sea:

59

"Oh, sea of my genesis, oh sea that I have been drained of
to a ditch of flames: oh, how the sand is heavy!

We see her, a daughter of the sea, on the flaming river of life,
feeling in the weight of the earth, the heaviness of sand.

The three poems dedicated to the Cantabric Sea, so brief that all
three are contained in a single page, are entitled significantly,
"Ventana al mar" (Window to the sea) "Reiteración" (Repetition),
and "Obsesión" (Obsession). In the first poem we hear: "I have here,
before me, my own true love, the sea, eternal fragrance. . . " In the
poem "Reiteración", she sees it as a window before her. And the
waves, she says, "make her entrails swell."

The sea, to this woman from the Spanish Levant, is an obsession
combining reality and mystery, and she entitles "Obsesión" (Obsession) the last of the three Cantabric poems. Face to that she
considers her true love, face to the "green ardor", "the burning
jungle of restless waves" she raises her voice in passionate surrender,
to say:

All of me looks at you: body and spirit:
the eyes and the skin, life for life.

The poem entitled "Dios y el mar" (God and the Sea) from the
book *Iluminada tierra*, is, in our opinion, a very transcendent one;
and if we find her throughout the book, talking to God, in this poem
we see her offering herself to the Supreme Creator, and also to the
element we are studying in her work, to prove with different
examples how constantly she identifies herself with the sea. With a
blind confidence, with the same faith she experiences in her
surrender to God, she surrenders to the sea. Let us listen to her:

"Thou, the sea. The sea, Thou,
the wave, thy hand; the hand, thy wave,
surrendering to both, blind
and deaf and yours. In faith.

56

And, what is she saying to us in "Dolor" (Pain), a page from her work *Vivientes de los siglos* (The living throughout the centuries)? The sea, she says, is a country, the sea awaits the return of poor suffering eyes in search of consolation. Thus, this woman in love with the sea shows it to us as a divinity, while she compares the negative things that can be expected from the earth, as opposed to the redeeming forgiveness of the waters, she, who has been comforted by it:

> "The earth, it never dries your bitter tears;
> you step on it, and she screams and insults you.
> The sea is a forgiveness, a white dream.
> Go near it, find its sheltering embrace."

The poetess avoids mentioning the object that inspires her song and praise; she loves it so deeply, that she does not find it necessary to point it out. She sees it, she hears it, she inhales its dense breath, because the ocean, as she well knows, "belongs to all those who can see, hear and smell." It comes to her while she sleeps, and then it murmurs in her ear. She, who does not say its name, praises its beauty, its freedom, and she confers on it the nobility of a great master:

> Nothing binds you, you are free, your own lord and master;
> you roll and softly moisten everything with beauty.

While she does not mention it, she says that her word is blue and green, mortal and alive; and Carmen buries it in her breast, that breast she calls using an audacious image, "a red cave", swelling "because it is your best sail, the lightest one", she tells the sea. And she asks for the great element to take her far away from it and from herself, where somebody who has never seen them before, may say, thinking that the ocean belongs to her: "It's a drowned woman it carries along! "

57

from her first volume in verse ever published, *Ansia de la gracia* (Yearning for Grace), we read:

Here there is always silence, perhaps because the stone
invites the soul to sweetest, deep repose.

The centuries like waves, were broken
under the indifferent look of the wall.

Only a woman of the sea could feel Time breaking like waves against the reef of the walls, stony and indifferent. Time and again we find in the poetess a predilection for the river among the elements of Nature, as she runs towards the sea in search of a truthful and ardent expression in her poetic modes; but she never forgets the other elements she is made of and which make for her expressiveness, always bursting with life; she does not forget either what she said in her book *Brocal*: "I will be made of wind, of flame, of water."

In the poem "Irrefrenable" (Unbridled) from her book *Ansia de la gracia*, she knows she does not belong only to the earth: "The earth", she tells us, "as well as the sea, pass through my heart some days"; and other days "the sea pushes everything violently". Then she finds no way of holding it, because "what the sea is, smells of seeds, of the man who made me and who keeps me."

Her declaration is categorical: she was made by the sea, and she is possessed by it. In her suggestive book entitled *Mujer sin edén* (A Woman without an Eden), a peerless book in the feminine poetry of Spain and a very relevant one within her own work, she admits to it. In a poem from that book, called "Junto al mar" (Near the Ocean), divided into five "Cantos", overflowing with poetry, she admits to being still deeply attached to the sea, and so she tells the ocean. The woman, expressing herself in a totally feminine fashion, is clinging to it:

Sweetly or brutally swayed; ravished
or rejected without letting go of its arms,
Oh, sea of God, my sea, blundering sea of mine,
holding in your arms
my body that craves for your body!

She entitles, significantly, a poem from her book *Ansia de la gracia*, "Reiteración" (Repetition). She sees in it the sea as a window open before her, and she says of the waves that they "make her entrails swell."

And from her book *Iluminada tierra* (Enlightened Earth) we choose "Aspiración" (Aspiration). The poem begins:

The sea scatter'd its waves
beating me fiercely with them.
I do not blame the sea: how could the waters know
if I needed it to burnish
my untamable feminine body?

Here the sea batters her breast:

All of you, against me; with maddened waves
and I was silent, bearing it without a cry:
Break yourself, oh, sea, against my breast!
Pour yourself on me, I shall hold you!
. . . And it came like God one morning:
"Awaken to the light: this is the day."

After her book *Ansia de la gracia*, she publishes the volume *Mi fin en el viento* (My end in the wind). It contains, among others, two great poems: "Desierto sajara" (Sajara Desert) and "Tres poemas al Mar Mediterráneo" (Three poems to the Mediterranean Sea). We meet the sea again:

> Joy to your eyes, your two fires
> saved by your miracle!

The purifying, ascending fire, and the hellish, impure fire that goes to the center of the earth. She sings to that redeeming sea: "Oh, pious ocean of mine! "

In her songs to the *Mar Menor*, she surrenders to it, confident: "To remain motionless is to go into your hands/ that awaken the dream." And she merges with the sea in the poem "Incorporación a la esencia" (Embodiment of your essence). "Already inside of you, she says, "you sustain my framework". And it does not only hold her "sloping earth" in its eternity; but it is also capable, the sea, of holding milleniums; and her embodiment is such, that she says at the end of the poem:

> "My eyes are open in certainty
> within you; seeing through you, all yours
> and fulfilled eyes of eternal waiting! "

In her poem "Devenir del Mar Menor" (Becoming of Mar Menor) her words ressemble those of a priestess foretelling the future aspect of the sea throughout a century, its aspect in Eternity; and in her poem entitled "Seres en el mar" (Beings in the Sea), the Mar Menor is peopled —through the poetess— by beings whose nakedness is demanded by the sea, "taking off from them the millenary dust of the clod." They bathe in the sea which purifies them by liberating them of their "seven black bulls", and they appear cleansed of their sins by the divine touch, turning into "beings scintillating with almost human virtues." By a miracle of the sea, it is possible to be born again "to a peace of the liberated spirit." Thus is divine the touch of the sea to her.

The Mar Menor is both a landscape and a seascape. We see once again the apparition of the early image she wrote about with sails on the land. The mills are "ships in the field". "They go 'round and 'round; our, tackless/ without a wheel —which you are— on the skies."

Once again, she, the sky and the sea together: "The enormous sea that the sky is for all waters."

In our brief reading through the book *Poemas de Mar Menor*, we meet "el Patrón Meño" (Meño the Patron), a peasant of the sea, who speaks to her of the liquid element, of the inhabitants of the deep, of the delicious foods it offers throughout the four seasons of the year, and also how generously it lets the visitors draw them out from the rich liquid mines. One might think that Meño the Patron is a brother of the man her poet husband sung of in his poem "La loa del pescador" (In praise of the Fisherman).

The poem "Bodegón" (Alehouse) is not meant to show the painting of a still life. "Bodegón" lays before us the levantine table set for her near the sea with its exhilarating juices; and, as she enjoys it, we find in the energy of her language the gift of a novel and daring expression:

> "I bite the Mar Menor
> and I swallow its blood! "

The poems that follow are works of love. The poem "Albañiles de Mar Menor" (Builders of Mar Menor) is a song to those who work carrying stones like other men built pyramids and temples millions of years ago. She feels a great empathy before the efforts of those who pick up a piece of bread facing that ocean she calls "my aboriginal sea." In the poem "Luna del Mar Menor" (Mar Menor's Moon) we find once again the star, which is now an oceanic September moon. A great hope for certainties demands of her to narrate how the sea was created, for the sea itself will not answer when asked:

> Tell us of the sea if you can, o moon,
> say how the sea was made:

61

if it was created when you appeared, or before,
if it was already here when you opened your chalice,
looking at us. . .
If it was afterwards that you heard
the murmur of its explosion. . . Tell us.

And Carmen Conde travels the marine home in her poem "Entre la
playa de la Horadara y el puente de la Greda" (Between the Beach of
Horadara and the Bridge of La Greda) with meditative joy, recalling a
presence of milleniums:

The women walking slowly, amazed
by unceasing maternities, and the children
agile and swiftly shaped
with a piece of the future between their teeth.

On the "wild and minute beaches", she watches "eternal eyes
escape, purifying life. It is the Biblical sea her voice proclaims: "Oh,
sea of my homeland, on, my Palestinian Sea! "
The poem "Viajes por ti" (Travels through you) is a proof of her
navigation on the Mar Menor, and also, we might say, on her two
oceans, immense like her poetry: the sea of water and the sea of sky.

"the enormous sea the sky is
for all waters."

And the substantiation of that proof is the poem "Contemplación
absorta" (In Dazed Contemplation):

"Staying, you are deep as only an ocean can be;
as only could a sky, rising from your mouth! "

The sea is master in the poem "Días de levante" (Levantine Days).
No human is present, nor sails or ours in that ocean she presents to

us now desertic, and she, who floats motionless on the wind and the waters, is breathing it. Her joy ful past is a hurting memory and that nostalgia darkens her joy: "I emerge covered by great Levantine solitudes."

There are no more translucent watercolors of the sea that those painted verbally by Carmen Conde, or canvases able to convey the deepness of the sea like those she has created. Fragrant, as if made for the touch and the smell are some of the poems of *Mar Menor*. Gabriel Miró would have praised her natural plasticity of her writing, totally devoid of ostentation. When she sings of it her voice has the resonance of a large snail shell, a shell that she brought from the beach, right after its birth. The sea, her song contends, is restless and changing, it is always the same, renovated and eternal, it is its own reality, and also the one created by her devoted love.

Next to the land that enriches it with gifts, she feels it throbbing. To ignore it in her poetry would mean ignoring herself. She knows that both land and sea of Murcia breathe inseparably. "Always the same, always together. Oblivious to Time. You are perfect Eternity. I came and I will go. You will remain."

Here we must say what José María Chacón y Calvo thought of these poems, as he expressed it in the Cultural Magazine of México *Abside*. Upon the decease of the poetess' husband, Chacón wrote a sensitive article in remembrance of him. Oliver Belmás (Carmen's husband) showed the Cuban critic the little beach of San Pedro del Pinater, in the Province of Murcia; a corner Chacón had never visited before. There, he had an impression altogether new to him: the contrast between the Mediterranean Sea and the Mar Menor. Chacón writes: "Someone very close to the great critic of Rubén Darío (Oliver Belmás), his loving wife, the great poetess Carmen Conde has sung in an admirable book, her *Poemas de Mar Menor*, this almost magical poetic grasping of those warm waters, so clear, that the most unexperienced swimmer could trust himself to them without a trace of fear." [2.]

63

Later, in 1974, Zenaida Gutiérrez Vega, in the same magazine, and on the occasion of the 6th anniversary of the poet's death, points out that Oliver Belmás renders a direct vision of the radiant, luminous view of the Mar Menor, and that, among the diverse spiritual positions of his poetic world, she notices a deep human dimension, identifying himself with the man he describes in his poem "La loa del pescador"[3](In praise of the Fisherman). Some lines from that poem sing of it:

> This man I here exalt is a man made of sand
> Everything passes through him. Only the sea stays with him.
>
> I know that the tide bends down before his soul;
> that the wind puts a blue halo on his head.
>
> His eyes have a far-away look. He carries so many horizons!
> There are seaweeds, fish, sun and stars in his hands.
>
> How well this man commands his brave frontier!
> His feet, his naked feet are the ranks he boasts of.

Anyone who knows this song of praise by the poetess' husband, and remembers her poems to the Mar Menor, will admit to the importance of the sea for both of them. One could add that their frank, open attitude with others, they both derive it from the sea.

It is necessary to stop to read from her book *Jaguar Puro inmarchito* (Pure unwithering Jaguar). It is when the poetess returns to Spain from Central America, and on board of the ship "Covadonga", she writes:

> I am a sea within the sea, and even a star of the sky,
> for both immensities are mixed up within me.

In both poems her confession appears that she belongs to the sea.

It is not possible to list them all here. Sailing on the shoulders of the ocean turning gray, she exclaims:

> Oh, how I love you, and watch you, lucid
> till I am lost in you, consciously becoming you!

She jumps from the land to the sea, this traveler, while she is on her way back to her country, and she finds in the ocean her own most human, truthful appearance:

> When I came back to you, I regained my shape.
> I know I was lost in other lands of yours
> and now that you take me, you restore me to the waters.
> I am more you than ever was any other creature.

Which means that she returns to one of her vital environments: the sea. And determined to unravel secrets, she pursues those of the sea, only to learn that the sea's secret rises and submerges itself, breathing as only the sea can do it."

At the end of the journey, when she leaves the ship to set foot on her homeland again, her farewell is deeply moving:

> The land shall divide us, for it is Fate,
> and you're that which I dream, and sometimes have.
> . . . .
> So long, my god. We'll find again each other.
> . . . .
> I'll remain in your breast, so soft and bristly,
> you know it even if I don't proclaim it.

To her, the land is an unavoidable fate. The sea is her dream, and, since the poetess is a dreamer, we find inevitably the sea throughout her work. From her book *Enajenado mirar* (Enraptured glance), we have chosen a line, and a stanza of the poem "Expectativa y conformidad" ("Expectation and conformity"):

> We neither die, nor are we born, but we continue
> ....
> I watch my body submerged in the yielding sea
> and also how I recover it for my wandering steps.
> I swim, I meditate and wait, conforming to my being
> the anticipation of me for tomorrow's world.

With avid expectation of a new world that will become the age of the sea, she meditates today on what she is and what she will be, in order to attain conformity in her actual life, whose resurrection in the future she foresees.

> When the age of the sea happens to men
> they shall find that my eyes still live in the waters.

A woman of the sea that she is, Carmen Conde feels she will always live in its waters. In the earlier lines of her poem "Se comienza a vivir otro mundo" (Beginning to live another world) she comes to see him that fills her with her own original substance" and she is "convinced of his paternity and glory". Feeling proud of her lineage, she testifies to it when she writes: "my sea is more ancient because more centuries recall it." And when she thinks of it, she becomes nostalgic of its smell in her own body. Upon having a glimpse of another world, she declares that "the earth is the necessary pretext/ for the humid sole that rests before going off into the cosmos."

In her work *Cancionero de la enamorada* (Ballads of the woman in love) she compares herself to the sea in a confidential parallel:

> Not many will ever know
> that I was spacious as the afternoon,

and as lonely as the sea
though it may be cleaved by ships.

And then, these lines we must reflect upon, for they are characteristic of the poetess' ever-present feeling, and an eloquent example of her femineity:

Sea of my love overflowing
that knowest not of thy shore;
lover of the green waters
sword in luminousness cast.

One more book, a new projection of the poetess and, transformed in a new presence, the element we are writing about. The book is entitled *Corrosion* (Corrosion) and it comes to us full of that strong emotion the authoress feels seeing herself as a part of the Universe, and of the brotherhood of Humanity. We encounter there the poem "Pausa ante el origen" (Pause before the source) where she recognizes the millenary antiquity of the waters, encompassing the creatures that come near the "ancient and untouched sea". She gives in to the ocean:

And how you overwhelm me, your most vulnerable one
when you pour the pulp of your salt in my mouth.

She gathers in her book *Corrosion*, her poem "Canto a la vida" (A Song to Life) which, in the words of Dámaso Alonso, is filled with the authores human vitality, always affirmed against death. That life she has tasted and is to her "the sea's salt in the lips of man" [4].
In a different space and time she prays to the sea:

Oh, no, do not go, ocean of mine from which
I am born to every drop in my veins;
do not leave me lonely and poor without you,
for that will tear us apart eternally!

67

She dedicates to it a poem called after its own name: "Mar" (Sea) and she calls it wise because "it still sees her radiant in her human ashes, battered in life."

The poetess is constantly questioning, hoping, reflecting on her life, thinking that those are the few presences, or, more exactly, experiences that we have shown. Let us hear about one of those experiences from her poem "Un momento de Manhattan" (A moment in Manhattan) in her book *Corrosión*. With that fulmineous word she has always wished for and given, she has fixed that moment in time.

> Everything is an energy unleashing
> the dark oceanic root.

And at the sight of the skycrapers she presents us with this vigorous metaphor:

> standing transatlantic boats
> to besiege the stars.

In Manhattan the skycrapers appear before her like enormous boats, navigating the skies. In earlier days the windmills seemed to her to be sail on the land and it is also in *Corrosión* where she speaks to us of the soul anticipating its journey to the sea. Searching for it she says:

> Ardent is my haste to reach its edge
> before it is dried
> by my great desire of it.

She proclaims incessantly the truth of her hungry desire for the sea.

The number of recurring images of the sea in her work, is infinite.

68

She defines silence and we find in her definition the end of the ocean:

> Silence is a shore of darkness
> where no voices ever land.

How clear it is for her that in the absence of the voice's luminousness there should be a sea of darkness, and in her poem "Sino" (Fate), to avoid being rooted, she wants to become "the harbor of birds", "the plank of the ship". Her ambition to fly, throughout her poetic journey, is a yearning that leads to her other dominion, that of light.

This woman amazes the reader with the unexpected novelty of her metaphoric twists. She thinks that grass, which is constantly being trampled and abused, might rebel one day, and she sees it swelling forth and invading the world in anger, as the "overflowing tide of grass / chlorophiling everything, until it kills all life"; there is a recurrence of images of the sea in her language, which proclaims: "the throb of God in men, is an oceanic reverberation". In another poem she illustrates how the pieces of the world are intermingled confusedly and, as she shows them, we find, next to "crests of nations", "flapping wings of oceans". The poetess sighs, and the sand in her sigh is a "beach of maddened waves". And when memories come to impose themselves on her, she feels "waves of memories flowing". It is all due to an untiring cultivator of the images in her poetic song: the sea, for it knows that she, who is reborn within it, to sing of it, is a creature "with a solid voice and solid ideas".

It (the sea) is a symbol of freedom for the poetess' homeland, for the river of her life, and she feels that, as she approaches the sea at the end of life's transit "at last one forgets / having been once a body for the earth." And she ratifies what she is saying: "Only in the sea it is possible for the body to be free."

For the poetess the sea is at the same time the origen, the grave, resurrection and eternity. It is the "long lived dream of surrending to the sea," she says, not being able to free herself from it, feeling an endless passion for that element.   She confesses that there are two things she always wanted to hold on to, things that always enhance her desire for possession: the Word and the sea.   This woman, who gives such great value to the word that in her last book has said to us: "Not even letting myself die of love and death, have I ever captured the word Word"; she, who states that the word is an unattainable creature; who has laid bare the word, decomposed it, structured it in its most beautiful textures; who has emptied it of shadow and light without being able to taste it as she wishes to; she, who has said that the word is neither hers nor anyone else's property; the total word, encompassing all, exact; that word she has called "world and firmament". This woman defines herself as "a red dust of vitals and the sea's body": which means throbbing, visceral human blood, together with a humanized body of the sea.

The title of her last book —substantially biological and metaphysical— *El tiempo es un río lentísimo de fuego*   (Time is a slow river of fire) tells us that for her, fire has turned into passion, a creative, purifying element in the elapsed time of the living, life towards eternity, going towards the sea. It is no wonder that she expressed in her book *Corrosión*: "It is better to burn than it is to turn cold and livid / like a murky jellyfish in the sand. . . " And in her book entitled *El tiempo es un río lentísimo de fuego*, it can also be read: "And the water runs to become a river, because fountains take it to the sea! " Thus, she, one way or another, comes from the sea and surrenders to it. Here the portrait of the ideal man who could exist beyond the river of life stands out:

> He would befall, a man like the sea:
> with its surges and storms,
> unlimited and tender, coming to us barefoot
> without anyone trying to keep him away from us.

. . . .,. . . . .
If he were like the sea, like the sea, this man
only the sky would be over his head;
no dust, no narrowness with oily mud,
no rocks opposing their flanks against the thrust.

If this brief examination, in the manner of a sea journey stopping at some ports of her work, with the substance, the depth and the light of the sea, were not enough to wed her to it, let us listen to the poetess once more, when in her book *Once grandes poetisas americohispanas* (Eleven Great Women Poets of Latin America), in the chapter dedicated to the misfortuned and misunderstood poetess Alfonsina Storni, who ended her own life by giving it up to the waves, she says, as if defining herself: "You weigh on my heart this afternoon —on me, a woman of the sea, who loves it so— as if I had really known you."

And only very little time ago, in January of this year, in the interview made by Don Enrique Beaotas for the magazine *Ya* of Madrid[5] she said that her favorite activity was traveling throughout the world, and she declared: "I would enjoy above all, traveling by water; to me, the sea is not something to be dominated. I let it take me." We could safely say that the sea has taken at least a great part of her poetry.

Returning from Nicaragua en 1963, after a visit to the land of Rubén Darío accompanying her husband, Carmen Conde, who revered his devotion to the poet of Nicaragua, and where she was honored, makes a stop in Puerto Rico, a port of call in her journey. When she had to break her brief ties and let go of the love and tenderness bestowed upon her in that Caribbean island, after the touching meeting with the graves of Salinas and Juan Ramón; stepping on a wave that is, to her "the threshold of her distant homeland", she sings:

If it were not because my country is a net of arteries
invading me as only an ocean can do,
I would remain here, protected by your hearts!

And, feeling within herself the invasion of that web of blood and spirit that forms her homeland, from which she could never detach herself, she can only compare it, in the depth of its love, to the sea, for only the sea can take possession of her with an equal intensity. Her spirit is projected towards every road on the earth and beyond it, and always standing on the earth be it readying herself to fly or giving herself to the sea. Reading her poetry, or listening to her, one can easily picture her poetry as having a mariner's compass with magic dials, showing the way her spirit must go in multiple directions, towards which her torrent of life is taking her. The sea is a symbol of life for her, a symbol of transformation, of dynamism. Rivers die when they merge with its waters, but the sea itself never dies; like her poetry, it is an indivisible totality. Maybe because she is so human, she had to humanize it. At times the sea takes her along the paths of remembrance, which find, in their nostalgia, a privileged place for themselves in her work, and are only subdued by her joy of living.

The sea is always present in her life, as well as in her poetry. In times of happiness and in times of pain. It was not surprising to find it in her "Canto a Gabriela Mistral" (A Canto to Gabriela Mistral), whom she loved and admired so deeply. And she signs to the Chilean poetess: "What a tide of Andean mountains, what Pacific Seas are swimming in your veins! " And after telling Gabriela that her voice (Gabriela's) is an entire jungle covering the sown grounds with human voices, she places in the Chilean's head an oceanic halo with these lines:

You have opened the door of the sea
placing a halo of ocean, alive, on your head.

We have seen that for Carmen Conde, the most important lyrical voice in the feminine poetry of the Spanish Language in this century, the sea is more than an image, more than a daring metaphor, or a dazzlement. She *lives* the ocean as an agony, she bestows upon it a rank of humanness, she makes it a vital part of her own personal Cosmos; she fills it with living beings, she attributes to it the wisdom of an oracle, she turns it into a personage of the future, she feels its pulse in calm and in fury. The poetess makes a historic witness of the sea, it becomes for her the House of God. She identifies it with herself, who rushes through a life of dreams or a life of sorrows before the river of her life becomes an ocean, because she runs to it with that wisdom acknowledged by Jorge Manrique, the Fifteenth-Century poet. She stands before it, watching it, listening to it, speaking to it, questioning it; she reflects upon it and meditates. She gives herself to it. Her restlessness is that of the sea. A creature of the ocean that she is, she demands air and light for her flight. Even the sky is transformed into an ocean by her, flooding the skies, or bringing them down to drink oceans.

We find the sea in that yearning that overpowers her; we feel it in her words. In the indefatigable impulse of her lyrical potential, there is an oceanic dynamism.

In the constant renewal of her poetic expression, there is the eternal renewal of the sea. Her projections have the expansion of a liquid robe, so wide that we cannot see its edges; the depth of her questionings of life and the eternal, are the unfathomable ones of the sea. In its presence, she never seals her eyes. And this woman, curious of universes, seems to find in it a nourishing gravitation.

The passion frequently pointed out in Carmen Conde's work, is something that she suffers, thirsty of it, finding herself in harmony with the sand through a similar thirst, the desire for "that sea which contains", in her words, "my avaricious thirst / with an unfulfilled passion"; she pains because of this thirst, for its magic reality attracts her, and she finds in it a parallel with her boundless dreams; it spurs the richness of her imagery and her metaphors, she joins its stream of life. Her sea is an existential and a mythical one. It is at the same time origin, end and resurrection. And because it is so, she sings: "The sea is forever water, and the sky, eternal".

The poetess, being one and many at the same time, has fixes these words in an image of unity with the Whole: "Inside the sea, the sea is not visible; *we are* the sea." In other words, the creature *is* completely, only within it.

This poetess who loves the young so much, wants to approach them with her voice; and she calls on one of them:

> Adolescent, you, boy
> shining moistened by the sea waters,

The chosen adolescent is, like her, moistened by the sea shining.

She who has listened attentively to the voices of the sea, and could say in her poem "Junto al mar" (Near the Ocean), that the sea's force and substance die and spring up anew in themselves, identifies the sea with God and points to this parallel, saying: "It is God, the Sea."

Touching upon the subject of the writers who have exerted an influence on Carmen's work, the names of Gabriel Miró, Juan Ramón Jiménez and Gabriela Mistral have been mentioned. A poet who is born with an authentic, personal voice, assimilates the literary heritage into his or her world, and it becomes her own. Neither is she a partisan of any literary school, nor can be pointed out any visible influence in her poetry. She is herself, with eternal values such as those of the element she so admires.

The comments about influences on her poetry have amused her; and when she has heard the names of Miró and Juan Ramón, she has said that, perhaps, the lessons of both writers could be traced in her own poetry; but their influence on her poetics will be scarcely noticeable.

Carmen Conde tries to interpret what she sees, and she incorporates it to her poems honestly, as honestly as she says what she thinks and sings of what she feels. However, we consider of great interest and transcendence what she has said to another Spanish poetess, Rosalía de Castro, in one of her poems, called "Humanas escrituras" (Human Writings):

> I look for your arm to lean on it
> . . . .,. . . . .
> You are a mother of my spirit, you came
> when the tide was rising on me
> leading to a firm vocation.
> . . . .
> We do not fear the road may lengthen
> before us, we are as one
> walking and feeling; we are the daughters
> of a merciless sea, though I may have
> a softer sea that helps me
> to live through chilly days, and it encourages me. . .

And we know that, like Rosalía, she loves life, the earth, the living beings who exist and have ever existed; she is in a constant search for light, surrendering to Nature and feeling the same desire Rosalía once had:

> Though you, like me, have wanted to see the ocean
> before we both return to the shadows.

In his preface to the poetess' anthology entitled *Días por la tierra* (Days through the earth), a selection in which the themes of love, life and the sea are predominant, Miguel Dolç has written: "It is not possible that the poetess, due to her temperament, would have applied herself to the attainment of formal perfection, or the writing of hermetic poetry. She did not need —says the aforementioned author— of any sort of artifice or verbal sophistication to be pleasant in her own direct, healthy, natural and unrestrained manner, because, like all true poets, she had a personal world to reveal, no matter what her circumstances could be "[7]. I believe that her healthy, direct and unrestrained poetry is a result, in a great measure, of her closeness to the sea.

We will put and end to this meeting of Carmen Conde with the sea, quoting some lines of a poem from *El Mar Menor*.. The title is "Pacto" (Pact). She does not want to lose herself away from the sea. They have conversed too often about life and death, about secret and profound things; of things past and future; of millenary worlds, of future worlds, of real and of magical things. They have been close to each other in happiness and sorrow, in faith, in sleep and in dreams. She has been faithful to it; they have made vows and promises. She can now say to the sea:

> Let us make a pact, my sea.
> Strengthen the pact totally for me.

Pressed by the circumstances in her life, she must go far from it to the jungle of houses and the men of the land, where she must live to fulfill her destiny; but she will always need the ocean to survive; and the woman who once declared herself a servant to the Archangel, bestows that celestial rank upon the sea, and asks of it:

> When I go hunting in the jungle
> with urgent anonymous eagenerness,
> you shall appear, exactly as I see you,
> as soon as my heart fails me,
> and you still lift me up before myself, inmense archangelic blue,
> cleasing my human shape of the hard world.

And with her own "carmencondean" voice, from the depths of her

76

feeling, knowing that it will have to call on her eventually, she warns the sea, and consigns this pact:

> And through your nights, as soon
> as the pine grove and the wind hush their long whispers
> you shall evoke me, you will hear me say to you:
> I would like to be eternal, only to see you!

Granville, Ohio
October, 1979

NOTAS/NOTES

1– Miró, Emilio, "La poesía de Carmen Conde", En: Carmen Conde Abellán, *Obra poética de Carmen Conde, 1929-1966.* Madrid: Biblioteca Nueva, 1967, 20. Prólogo.

2– Chacón Y Calvo, José María. "Una pareja excepcional: Carmen Conde y Oliver Belmás", *Abside* (México), XXXIII, 4 (1969), 450-462.

3– Gutiérrez Vega, Zenaida. "Antonio Oliver Belmás, *Abside* (México), XXXVIII, 4 (1974), 440-449.

4– Alonso, Dámaso. *Poetas españoles contemporáneos.* Madrid: Editorial Gredos, 1952. 359–365.

5– Beotas, Enrique. "Carmen Conde y Miguel Mihura; dos semblanzas históricas para un sillón de la Academia", *Ya* (Madrid, Enero 28, 1979, 16-17.

6– García- Osuna, Carlos. "Conversación con Carmen Conde", *El Imparcial* (Madrid), (Enero 30, 1979). 22. Cultura.

7– Dolc, Miguel. "Hacia el orbe poético de Carmen Conde", En: Carmen Conde Abellán, *Días por la tierra.* Madrid: Editora Nacional, 1977. 9–25. Prólogo.

Las citas que de la obra de Carmen Conde, se intercalan en este trabajo, fueron tomadas de los siguientes libros de la autora:

Quotes from Carmen Conde's work appearing in this essay were taken from the following books by the authoress:

Conde Abellán, Carmen. *A este lado de la eternidad.* Madrid: Biblioteca Nueva, 1970.

—————————. *Cancionero de la enamorada.* (El toro de granito, 17). Avila: Institución Gran Duque de Alba, 1971.

—————————. *Cita con la vida.* Madrid: Biblioteca Nueva, 1976.

—————————. Corrosión. Madrid: Biblioteca Nueva, 1976.

—————————. *Días por la tierra.* Madrid: Editora Nacional, 1977

—————————. Obra poética de Carmen Conde, 1929-1966. Madrid: Biblioteca Nueva, 1967.

—————————. El tiempo es un río lentísimo de fuego. (Río nuevo: Serie Ucieza, 5). Barcelona: Ediciones 29, 1978

INDICE/CONTENTS